"LA SUSTENTABILIDAD EN LOS NEGOCIOS"

"LA SUSTENTABILIDAD EN LOS NEGOCIOS"

Dr. Juan Carlos Guzmán García
Dra. Nora Hilda González Durán
Dr. Javier Guzmán Obando

Copyright © 2024 por Dr. Juan Carlos Guzmán García
Dra. Nora Hilda González Durán
Dr. Javier Guzmán Obando

Número de Control de la Biblioteca del Congreso de EE. UU.: 2024924115
ISBN: Tapa Dura   978-1-5065-5405-1
        Tapa Blanda   978-1-5065-5404-4
        Libro Electrónico   978-1-5065-5403-7

Todos los derechos reservados. Ninguna parte de este libro puede ser reproducida o transmitida de cualquier forma o por cualquier medio, electrónico o mecánico, incluyendo fotocopia, grabación, o por cualquier sistema de almacenamiento y recuperación, sin permiso escrito del propietario del copyright.

Las opiniones expresadas en este trabajo son exclusivas del autor y no reflejan necesariamente las opiniones del editor. La editorial se exime de cualquier responsabilidad derivada de las mismas.

Las personas que aparecen en las imágenes de archivo proporcionadas por Getty Images son modelos. Este tipo de imágenes se utilizan únicamente con fines ilustrativos.
Ciertas imágenes de archivo © Getty Images.

Información de la imprenta disponible en la última página.

Fecha de revisión: 24/10/2024

Para realizar pedidos de este libro, contacte con:
Palibrio
1663 Liberty Drive, Suite 200
Bloomington, IN 47403
Gratis desde EE. UU. al 877.407.5847
Gratis desde México al 01.800.288.2243
Gratis desde España al 900.866.949
Desde otro país al +1.812.671.9757
Fax: 01.812.355.1576
ventas@palibrio.com
862821

ÍNDICE

Introducción vii

Capítulo 1 Modelo para Adquisiciones Sustentables con un enfoque en Economía Circular una revisión sistemática de la literatura. 1

Capítulo 2 Los principales problemas de los actores de la educación Superior Universitaria Publica: Estudiantes y Docente 23

Capítulo 3 Optimización de procesos en la Pymes 55

Capítulo 4 Innovación de productos a base de plantas medicinales de San José del Llano, Maquihuana, Tamaulipas para promover el autoconsumo y desarrollo local 81

Capítulo 5 Estrategias Efectivas Para El Seguimiento De Egresados De La Carrera De Ingeniería Civil De La Facultad De Ingeniería Tampico. 109

Capítulo 6 Indicadores De Salud Para La Iniciativa Ciudades Emergentes Y Sostenibles Del BID En La Zona Sur De Tamaulipas. 133

Capítulo 7 Rediseño de un proceso de venta en empresas de servicios industriales. 159

Introducción

La sustentabilidad empresarial se refiere a los modelos de negocio y las decisiones de gestión basadas en las preocupaciones financieras, ambientales y sociales. Comúnmente se le define a la sustentabilidad como el manejo de tres elementos. Es decir, cuando una empresa día a día se enfrente a riesgos financieros, sociales y del medio ambiente, sus obligaciones fiscales y oportunidades esto se refiere como ingresos, personas y planeta. Este libro contiene siete capítulos de temas de investigación desarrollados por Cuerpos académicos incorporados a dos universidades de México que se dedican a la investigación de las empresas Micro y Pequeñas empresas de la Zona Sur de Tamaulipas, a través de estas investigaciones buscan aportar soluciones para dichas empresas desde las áreas en economía, procesos de optimización, Innovaciones de productos, salud, ventas y educación. Las empresas hoy en día buscan crean valor económico a largo plazo, saben cómo sus acciones afectan el medio ambiente y trabajan activamente para reducir sus impactos. Se preocupan por sus empleados, clientes y comunidades y trabajan para hacer un cambio social positivo. En el país existen oportunidades para crear negocios rentables y sostenibles que solucionen problemas sociales o del medio ambiente esto se da también con la vinculación de las universidades con el sector productivo. Es por ello que en este libro se enmarca dicha vinculación.

Atentamente,
Los Compiladores.

Capítulo 1
Modelo para Adquisiciones Sustentables con un enfoque en Economía Circular una revisión sistemática de la literatura.

Lázaro Salas Benítez
Edalid Álvarez Velázquez
Arturo Muñoz Camacho
Lilia Yaneth Cruz Tiburcio

Modelo para Adquisiciones Sustentables con un enfoque en Economía Circular una revisión sistemática de la literatura.

Resumen

Para contribuir en el cumplimiento de la Agenda 2030 y con ello el mejoramiento y preservación de nuestro planeta se requiere la participación de los diversos actores desde el gobierno con sus leyes y normativa, hasta los ejecutores de los procesos, por ello la importancia de incluir dentro de los lineamientos que operan en las Instituciones Públicas para las adquisiciones de bienes y servicios, términos sustentables que permitan realizar actividades encaminadas al mejoramiento ambiental en la zona de influencia, por lo que se realiza la revisión de la literatura para verificar si existe alguna investigación con característica parecidas en un contexto internacional, nacional y local, se realizaron las consultas en medios electrónicos, de los cuales se seleccionaron 11 artículos científicos que correspondían a los buscadores ya establecidos. Dichos artículos pertenecientes a alguna de las 2 variables dependiente o independiente, establecidas para el presente estudio: encontrándose que la totalidad de artículos tienen como tipo de documento ser científicos (100%). los años de publicación con mayor porcentaje corresponde al año 2021, con 3 artículos representando un 27%, con 2 artículos se tiene a los años 2020, 2019 y 2018 siendo un 18% cada uno y 2 artículos correspondiente 1 al 2017 y 1 al 2023 respectivamente representando 9.5%, cada uno. Por lo cual se observa que existe limitada investigación respecto a las adquisiciones sustentables con enfoque en economía circular en Instituciones Públicas.

Palabras clave: Adquisiciones sustentables, desarrollo sustentable, economía circular,

Introducción

El termino desarrollo sustentable en estos tiempos es mundialmente conocido; para los países más desarrollados la implementación de estrategias para disminuir la huella ecológica, en los sectores público y privado resulta mayormente conveniente debido a la diversidad de estímulos que ello representa, tanto económicos como en posicionamiento. En México aun cuando dentro del Plan Nacional de Desarrollo se determinan las estrategias para el cumplimiento de la Agenda 2030, en términos normativos aun no se determina la obligatoriedad en los diversos sectores, en la implementación de acciones para apoyar dicho documento.

El desarrollo sustentable se considera cuando se satisfacen las condiciones sociales usando racionalmente los recursos. El uso de los recursos estaría basado en una la tecnología que respeta aspectos culturales, sociales y los derechos humanos (Larrouyet, 2015).

Los diversos grupos sociales tienen acceso a los servicios básicos como educación, vivienda, salud, nutrición y que sus culturas y tradiciones sean respetadas. (ONU, 2000).

En la historia podemos constatar que desde 1977 fue aprobado el Protocolo de Kyoto con el compromiso para los países industrializados a limitar y reducir las emisiones de gases de efecto invernadero, con el establecimiento de estrategias para abordar el cambio climático. La Organización de las Naciones Unidas (ONU) en el año 2000, acepto los Objetivos de Desarrollo del Milenio, como parte de la Declaración del Milenio, estableciendo ocho objetivos específicos a ser alcanzados para el año 2015. En el 2012 dentro de la Conferencia Río +20 se analizaron temas como: la economía verde en el contexto del desarrollo sostenible, la erradicación de la pobreza y el marco institucional para el sostenible y la iniciativa de un proceso para desarrollar los objetivos de desarrollo sostenible (ODS). Posteriormente dentro de la Conferencia sobre el Cambio Climático de París (COP21) en el 2015, se adoptó el Acuerdo de París, el cual es un tratado internacional sobre el cambio climático y posteriormente la Organización de las Naciones Unidas aprobó y adopto la Agenda 2030, sobre el Desarrollo Sostenible el cual es el instrumento de concertación a nivel internacional que marca las medidas que los países deben adoptar para limitar su contribución a los actuales procesos de cambio climático global a la vez que se logra mejorar de manera equitativa la vida de toda la población, esta contiene los 17 Objetivos de Desarrollo Sostenible (ODS), cada uno con sus respectivas metas que permitió a los países y sus sociedades emprender acciones para el logro de la sustentabilidad y lograr el mantenimiento de recursos naturales para las generaciones futuras (Organización de las Naciones Unidas).

Dentro de los objetivos de Desarrollo Sustentable el de mayor impacto dentro de esta propuesta corresponde al ODS no. 12 Producción y Consumo Responsables, en virtud de que su objetivo es hacer más con menos, no perdiendo el enfoque económico de la generación de ganancias netas de bienestar, reduciendo la utilización de los recursos, prolongando la vida útil de los productos y minimizando el impacto ambiental durante todo el ciclo de vida (Cepal, 2021).

Realizar un análisis de los diversos autores que tratan las adquisiciones sustentables en Instituciones Públicas enfocados en economía circular es el principal objetivo del presente artículo. Adicionalmente a la hipótesis, ¿En México existe información acerca de las Adquisiciones Sustentables enfocados en Economía Circular en Instituciones Públicas?

Fundamentación Teórica

Adquisiciones Sustentables

Adquisición de acuerdo con el diccionario de la Real Academia Española (RAE), es un vocablo que proviene del término latino *adquisitĭo*: la acción de conseguir una determinada cosa.

El concepto de adquisiciones, dentro de la administración Pública, engloba todas las acciones para suministrar bienes y proporcionar servicios para realizar la operatividad del Estado, lo que comúnmente se denomina adquisiciones, arrendamientos y prestación de servicios (Ley de Procedimiento Administrativo de la Ciudad de México, 2018).

Por su parte una contratación pública sustentable permite que la operatividad, cubrir las diversas necesidades de bienes, servicios, y obras públicas de forma eficiente, basándose en un análisis de todo el ciclo de vida. (Gobierno de México, 2017). De esta forma se puede cumplir con las diversas etapas del Desarrollo Sustentable.

Los productos sustentables evitan que se perjudique el medio ambiente durante su proceso de elaboración, desde la extracción de materia prima hasta la obtención del producto final, además de ser socialmente responsables con su mano de obra, esto mediante la utilización de sus recursos (naturales, humanos y económicos) de una manera responsable, inteligente y eficiente. De esta forma, protegen la salud pública y el bienestar del ecosistema.

Economía Circular

Lograr los cambios necesarios obliga a la sinergia de políticas y normativas en torno al desarrollo sostenible (Naciones Unidas, 2018).

Para ello se requiere conciencia y un cambio de paradigmas en los diversos sectores desde el Gobierno hasta las empresas que permitan establecer estrategias para la creación de nuevas capacidades y el desarrollo de conocimientos locales a largo plazo (Compagnon, 2020). Como lo menciona (Cepal, 2021, p. 7), diversos autores definen a la economía circular como: preservar el valor de los materiales y productos el mayor tiempo posible, evitando el regreso a la naturaleza de desechos y logrando que estos se reintegren al sistema productivo (Deckymn, 2018; Solórzano, 2018; Ellen MacArthur Foundation, 2013). Con ello se disminuyen o eliminan los residuos y a su vez se considerán como recursos para el inicio de otro proceso, cumpliendo con ello con las fases de la economía circular.

Sin embargo, aun cuando la finalidad es muy clara, dentro de los organismos gubernamentales se puede tener el riesgo de que derivado de las políticas públicas del país o el estado, este objetivo no se cumpla en vista de que los productos con duración prolongada mayormente son con costos más elevados y los principios de austeridad son cada vez sujetos a cuestionamientos.

Tratándose de empresas privadas este modelo permitirá aparte de la preservación ambiental, la obtención de estímulos fiscales como los impuestos verdes como las deducciones en el caso de cumplir con elementos que marque la normativa, en el caso de Instituciones Públicas como las universidades este tipo de estímulos fiscales no tendría aplicabilidad, sin embargo al cumplir con este objetivo permite la obtención de indicadores para la gestión de recursos al participar en convocatorias estatales y nacionales con proyectos encaminados a la sustentabilidad o energías limpias (Compagnon, 2020).

Cadenas de Valor

Como lo menciona Porter (2004) en textos como ventaja competitiva y estudios de sectores industriales y de la competencia, se define a la Cadena de Valor como una herramienta de análisis que permite analizar al interior de la empresa, en búsqueda de una fuente de ventaja en cada una de las actividades que se realizan.

Las nuevas directrices de Globol Reporting Initiative (GRI) y la actualización de la norma ISO 14001;2015, le dan una importancia especial a la información sobre sustentabilidad en la cadena de suministros. González (2018).

Se tienen muchos beneficios al incluir estos conceptos en la empresa, desde una eficiencia de recursos, la mejora de tiempos en los procesos la mejora de la producción y promover valores corporativos.

Las cadenas de valor orientadas a la sostenibilidad, representan el proceso total desde la materia prima, hasta el producto final que se le entrega al consumidor, pasando por la toma de decisiones en cada etapa de la misma, en virtud de que los stakeholders respectivos son conscientes de la problemática, demandan un buen manejo de la misma para crear y manejar soluciones efectivas y prontas. Morali et al (2016)

Ley de adquisiciones

En México de acuerdo a la Constitución Política en el artículo 31 fracción IV, indica la obligación de contribuir al gasto público de manera proporcional y equitativa a nuestra productividad, como el objeto de estudio es una Institución Educativa Pública y para subsanar los gastos de operación de la misma, es necesaria la ministración de Recursos de la Federación y el Estado, los Recursos son etiquetados desde la Ley de Ingresos de la Federación que proyecta los montos de captación en el aspecto tributario y posteriormente el Presupuesto de egresos en el cual se consideran los techos presupuestales para cada sector que conforma el ámbito público.

Los Institutos Tecnológicos Descentralizados al recibir los recursos mediante el convenio peso a peso por el Estado y la Federación, para el desarrollo de los Programas Operativos

Presupuestales, son auditados y normativamente regidos por las leyes Estatales y Federales. En la parte del ejercicio del gasto para evitar observaciones por los entes fiscalizadores como el Órgano de Fiscalización Superior del Estado (ORFIS) y la Auditoria Superior de la Federación (ASF) es importante apegarse a lo marcado en la Ley De Adquisiciones, Arrendamientos, Administración y Enajenación de Bienes Muebles Del Estado de Veracruz De Ignacio De La llave, esta Ley trata lo relativo a la planeación, programación y ejecución de los recursos, es decir la realización de las diversas adquisiciones de bienes y o servicios que permiten a los Institutos Tecnológicos Descentralizados cumplir con las metas y acciones establecidas en los Programas Institucionales de Desarrollo. (Secretaria de Finanzas y Planeación, 2018)

Consumo responsable

La Real academia Española define el término consumo como: "Dicho de la sociedad o de la civilización que está basada en un sistema tendente a estimular la producción y uso de bienes no estrictamente necesarios" (Real Academia Española). El consumo es parte integral de la vida de todo ser humano, está presente en el transcurso de su existencia, los humanos al congregarse en familias este consumo deja de ser individual y visto desde un contexto social, se vuelve excesivo e irracional, convirtiéndose en nocivo y perjudicial para el ecosistema(Nubia Arias, 2016).

En la medida del incremento poblacional estos consumos en los diversos sectores industriales y comerciales llegan a ser uno de los factores que contribuyen al aumento de la huella ecológica, al surgir esta problemática y medir los impactos que el consumo genera en la vida cotidiana a partir de lo ideológico, sociológico, cultural, económico, ecológico y sanitario (Nubia Arias, 2016), se buscan las diversas alternativas para frenar y/o revertir el daño causado, es cuando se realizan las diversas acciones, como las marcadas en el Objetivo de Desarrollo Sostenible no. 12 consumo responsable. (Cepal, 2021).

De tal forma que se considera un consumo consciente y responsable aquel que incluye un consumo ético y solidario y no en un consumo por el consumo, es decir hacerlo de forma consiente, no eligiendo productos solo basado en la guía calidad-precio, sino analizando la composición, historia y las conductas de las empresas que los ofrecen, verificando las acciones que la empresa que fabrica el producto realiza en la disminución o mitigación de los daños ambientales (Cepal, 2021).

Materiales y métodos

Primeramente, se realizó una búsqueda de artículos científicos, dando como resultados en la mayoría de los casos datos de tipo cuantitativo (porcentual, numéricos). Cabe mencionar que se verifico que la fecha de publicación fuese no mayor a 10 años, se buscaron artículos que tuvieran relación con las dos variables identificadas y algunos cumplían con la metodología introducción, métodos, resultados y Discusión (IMRyD).

En este estudio, se realiza una selección y análisis de artículos, siguiendo el protocolo PRISMA para revisiones sistemáticas. Asimismo, la fuente para la búsqueda de estos artículos se realizó en: revistas científicas de bibliotecas electrónicas, libros y revistas especializadas.

Resultados y discusión

Para ello se determinaron 2 variables una dependiente y una independiente, la primera refiere a las Adquisiciones Sustentables, la segunda corresponde a la economía circular, como resultado de la revisión de la literatura en el estado del arte se pudo observar en un contexto internacional, en la mayoría de los artículos se coincide con que la mayoría de los países, incluyen en sus políticas, programas o proyectos nacionales estrategias para promover el Compras Públicas Sustentables aun cuando muchas iniciativas fueron incluidas en los Planes Nacionales de Desarrollo. Casi el 50% de las iniciativas son desarrolladas a nivel multisectorial. La mitad de las iniciativas se han formalizado a través de leyes, decretos o resoluciones. Sin embargo, muchas no cuentan con resultados, no se cuenta con metodologías validadas, instrumentos y propuestas específicas para implementar el enfoque de las compras públicas sustentables desde la dimensión social, económica y ambiental, aun cuando la mayoría de los países cuenta con leyes que apoyen la inclusión de compras sustentables o adquisiciones con características ambientales positivas.

En lo que respecta a la economía circular en los residuos eléctricos y electrónicos en 3 países, determinando algunos hallazgos importantes, en Japón y Suiza, por ejemplo, la valorización de los residuos eléctricos y electrónicos logra ser realizada dentro de estos países puesto que cuentan con las tecnologías necesarias para hacerlo. Al contrario, en Colombia los procesos de desmontaje son básicamente de tipo manual y las partes recuperadas son exportadas para su recuperación y reciclaje de los componentes, ya que dentro de los residuos de estas características regularmente se encuentran materiales como oro, cobre y algunos componentes que pueden servir de materia prima para la elaboración de otros productos.

Para el descarte y la inclusión de información, de una base conformada por 40 investigaciones, se seleccionaron 11 artículos científicos que correspondían a los buscadores ya establecidos. Dichos artículos pertenecientes a alguna de las variables dependiente o independiente establecidas para el presente estudio.

En la Tabla 1 se puede observar los principales hallazgos encontrados en las diversas Investigaciones, enfocados en el contexto internacional y nacional.

Tabla 1. Análisis de la literatura

Investigaciones	Autores	Año	Principales hallazgos
1.-Reflexiones acerca de las compras públicas de diseño sostenible	Mirian M. Ivanega	2023	Las contrataciones públicas sustentables deben ser orientadas hacia adquirir bienes de diseño sustentable, innovadores, que sean amigables y respetuosos con el medio ambiente, además deben incluir criterios de inclusión, de igualdad y de equidad social.
2.- Inclusión de criterios ambientales en las compras públicas en Costa Rica: suministros de oficina	Gamboa Castro, J; Salazar Rojas, T	2018	Costa Rica ha implementado iniciativas en sus instituciones Estatales que permiten realizar promoción de las compras verdes y sustentables. No obstante persiste el desconocimiento y falta de experiencia. Esta investigación sugiere la inclusión dentro de los procesos de contratación administrativa de criterios ambientales, desarrollada en el Instituto Tecnológico de Costa Rica (ITCR) para la compra de suministros de oficina.
3.- Selección de proveedores priorizando criterios sostenibles para productos: un enfoque de AHP en compras públicas peruanas.	Bernardo Cordero Torres	2019	Para verificar el cumplimiento de la reglamentación vigente en el procedimiento de selección de proveedores que consideren los criterios de sostenibilidad, se sugiere la aplicación del proceso analítico jerárquico (AHP) como alternativa heurística de solución. Este modelo de selección mejora el procedimiento administrativo aumentando el grado de objetividad y minimizando sesgos cognitivos. Para demostrar su eficacia, aplicaremos la verificación en el proceso analítico jerárquico en la selección de proveedores de lámparas LED de una institución pública.

4.- Compras públicas sustentables en Chile: estado de avance en la aplicación de criterios de sustentabilidad en licitaciones públicas	Gabriel Alejandro Moya Varela	2021	Se describen 11 criterios sustentables, 16 criterios no sustentables y 3 criterios sostenibles que se enmarcan en las dimensiones de las capacidades técnicas de los proveedores, especificaciones técnicas de los productos y la evaluación de la propuesta según la clasificación encontrada
5.- Innovaciones En Compras Públicas Sustentables. Inclusión de criterio de empleabilidad en las compras publicas	José Yeng Choy Sánchez,	2017	Analiza las innovaciones que se vienen dando a nivel de políticas de generación de empleo en compras públicas, tomando como referencia el estudio sobre el Marco Jurídico-Institucional, estrategias y herramientas para promover compras estatales con Micro y Pequeñas empresas (MYPE),
6.-La economía circular como factor de desarrollo sustentable en el sector productivo	Flavio Roberto Arroyo Morocho	2018	El desarrollo sostenible requiere de aplicar mejores prácticas como es el caso de la Economía Circular, además de la inversión en innovación y tecnología, la puesta en práctica de la metodología de las 3R (reducir, reutilizar, reciclar) llevará al desarrollo de mejoramiento de procesos en diversos sectores productivos. Un aspecto importante del cual se debe partir es la implementación de regulación de los métodos de producción y tratamiento de desperdicios de las industrias, para ellos se deben implementar leyes que incluyan brindar incentivos para aquellas empresas comprometidas con la sustentabilidad con la finalidad de alcanzar el desarrollo sostenible. En Ecuador ya se cuenta con distintivos que permiten el reconocimiento como un país con un desarrollo industrial basado en la Economía Circular. Sin embargo aún se deben impulsar más proyectos basados en diseño sin residuos, aumento de resiliencia, utilización de energías limpias, que permitan disminuir la huella ecológica.

7.- Economía circular y valorización de metales Residuos de aparatos eléctricos y electrónicos	Jacques Clerc Ana María Pereira Constanza Alfaro Constanza Yunis	2021	Cuando se implementan metas de reciclaje siempre es necesario el análisis de la inversión que se debe considerar para la construcción y habilitación de plantas de pretratamiento, este análisis debe incluir además de los costos, los beneficios netos entre el reciclaje de los Residuos de Aparatos Electrónicos (RAEE) y los costos de extracción primaria en minería, se observaron tres casos en los que el reciclaje resulta ser una mejor opción, debido a los metales que manejan en cada caso, lo cual permitió una segmentación de residuos de los diversos aparatos que se analizaron, permitiendo con ello poder cuantificar la recuperación al utilizar estos metales como materia prima y con ello cumplir con una de las fases de la economía circular.
8.- El Estado como consumidor inteligente para efectuar adquisiciones públicas de innovación	Carlos Ortega Laurel	2020	Se muestra la evolución histórica de los diversos modelos de compras, desde su versión 0.0 a la versión 4.0, lo cual permite tener una base para identificar como se encuentra actualmente cualquier Institución de Gobierno en el rubro de adquisiciones públicas.
9.- Educación media superior y desarrollo sustentable en las ciudades del estado de Oaxaca, México	Maribel Pérez Pérez, Andrés Enrique Miguel Velasco, Julita Moreno Avendaño, Karina Aidee Martínez García	2019	Se plantea que la educación media superior influye poco en el crecimiento económico, la sustentabilidad y el desarrollo territorial en las ciudades Se pudo obtener un resultado más objetivo de la realidad, ya que una de las ventajas de emplear dicho enfoque es que los resultados de la investigación no se ven afectados por las creencias, temores y deseos del investigador.
10.- Factores que influyen en el consumidor para la adquisición de producto sustentables	Jesús Eduardo Estrada Domínguez José Luis Cantú Mata Fernando Torres Castillo	2020	En los resultados de este artículo se menciona que, aunque un producto cuya marca este posicionada en el mercado y se comercialice a un valor o precio accesible, no habrá ningún efecto positivo por parte del consumidor en adquirir dicho producto. En cambio, la actitud hacia la marca verde y el eco-etiquetado que utilizan los productos influye positivamente a que el consumidor adquiera productos sustentables

11.- Compras Públicas estatales: seis casos de estudio	Instituto Mexicano para la Competitividad IMCO	2021	Las instituciones estatales aún presentan retos en la calidad y transparencia de los datos de compras y sobre todo, en la documentación de los bienes y servicios contratados. Algunas de las ineficiencias en el acceso y consulta de la información de compras públicas como son contratos sin montos, variables que no proporcionan información congruente entre otros.

Fuente: Elaboración propia con datos de: Ivanega (2023); Castro y Salazar (2018); Cordero (2019); Moya (2021); Choy (2017); Arroyo (2018); Clerc, Pereira y Yunis (2021); Ortega (2020); Pérez, Miguel, Moreno y Martínez (2019); Estrada, Cantu y Torres (2020) e IMCO (2021)

En la Tabla 2, se encuentra el proceso de selección de estudios, donde se incluyen los artículos incluidos para la revisión sistemática con las siguientes características: numero, base de datos, autor, año y titulo de articulo de investigación, en la cual se puede observar la antigüedad de los artículos revisados, la cual no es mayor a 10 años, así como la base de datos en la cual se encuentran.

Tabla 02: Atributos de la unidad de estudio

N	Base de Datos	Autor / Autores	Año	Título de artículo de investigación
1	Scielo	Mirian M. Ivanega	2023	Reflexiones acerca de las compras públicas de diseño sostenible
2	Scielo	Gamboa-Castro, J; Salazar-Rojas, T	2018	Inclusión de criterios ambientales en las compras públicas en Costa Rica: suministros de oficina
3	Redalyc	Bernardo Cordero Torres	2019	Selección de proveedores priorizando criterios sostenibles para productos: un enfoque de AHP en compras públicas peruanas.

4	Uchile	Gabriel Alejandro Moya Varela	2021	Compras públicas sustentables en Chile: estado de avance en la aplicación de criterios de sustentabilidad en licitaciones públicas
5	International Labour Organization	José Yeng Choy Sánchez	2017	Innovaciones En Compras Públicas Sustentables. Inclusión de criterio de empleabilidad en las compras publicas
6	Innova	Flavio Roberto Arroyo Morocho	2018	La economía circular como factor de desarrollo sustentable en el sector productivo
7	Cepal	Jacques Clerc Ana María Pereira Constanza Alfaro Constanza Yunis	2021	Economía circular y valorización de metales Residuos de aparatos eléctricos y electrónicos
8	Scielo	Carlos Ortega Laurel	2020	El Estado como consumidor inteligente para efectuar adquisiciones públicas de innovación
9	Scielo	Maribel Pérez Pérez, Andrés Enrique Miguel Velasco, Julita Moreno Avendaño, Karina Aidee Martínez García	2019	Educación media superior y desarrollo sustentable en las ciudades del estado de Oaxaca, México
10	Redalyc	Jesús Eduardo Estrada Domínguez José Luis Cantú Mata Fernando Torres Castillo	2020	Factores que influyen en el consumidor para la adquisición de producto sustentables
11	IMCO	Instituto Mexicano para la Competitividad IMCO	2021	Compras Públicas estatales: seis casos de estudio

Fuente: Elaboración propia con datos de: Ivanega (2023); Castro y Salazar (2018); Cordero (2019); Moya (2021); Choy (2017); Arroyo (2018); Clerc, Pereira y Yunis

(2021); Ortega (2020); Pérez, Miguel, Moreno y Martínez (2019); Estrada, Cantu y Torres (2020) e IMCO (2021)

En la Tabla 3, se encuentra la clasificación de la literatura de acuerdo a las bases de datos obteniendo que del total de artículos (11 artículos), 4 pertenecen a la base de datos Scielo, 3 otras, 2 Redalyc, 1 Cepal y 1 IMCO.

Tabla 03: Clasificación de artículos de acuerdo a la base de datos

Base de Datos	Autor / Autores	Año	Título de artículo de investigación
Scielo	Mirian M. Ivanega	2023	Reflexiones acerca de las compras públicas de diseño sostenible
Scielo	Gamboa-Castro, J; Salazar-Rojas, T	2018	Inclusión de criterios ambientales en las compras públicas en Costa Rica: suministros de oficina
Scielo	Carlos Ortega Laurel	2020	El Estado como consumidor inteligente para efectuar adquisiciones públicas de innovación
Scielo	Maribel Pérez Pérez, Andrés Enrique Miguel Velasco, Julita Moreno Avendaño, Karina Aidee Martínez García	2019	Educación media superior y desarrollo sustentable en las ciudades del estado de Oaxaca, México
Redalyc	Bernardo Cordero Torres	2019	Selección de proveedores priorizando criterios sostenibles para productos: un enfoque de AHP en compras públicas peruanas.
Redalyc	Jesús Eduardo Estrada Domínguez José Luis Cantú Mata Fernando Torres Castillo	2020	Factores que influyen en el consumidor para la adquisición de producto sustentables

Cepal	Jacques Clerc Ana María Pereira Constanza Alfaro Constanza Yunis	2021	Economía circular y valorización de metales Residuos de aparatos eléctricos y electrónicos
IMCO	Instituto Mexicano para la Competitividad IMCO	2021	Compras Públicas estatales: seis casos de estudio
International Labour Organization (Otra)	José Yeng Choy Sánchez	2017	Innovaciones En Compras Públicas Sustentables. Inclusión de criterio de empleabilidad en las compras publicas
Uchile(otra)	Gabriel Alejandro Moya Varela	2021	Compras públicas sustentables en Chile: estado de avance en la aplicación de criterios de sustentabilidad en licitaciones públicas
Innova (otra)	Flavio Roberto Arroyo Morocho	2018	La economía circular como factor de desarrollo sustentable en el sector productivo

Fuente: Elaboración propia con datos de: Ivanega (2023); Castro y Salazar (2018); Cordero (2019); Moya (2021); Choy (2017); Arroyo (2018); Clerc, Pereira y Yunis (2021); Ortega (2020); Pérez, Miguel, Moreno y Martínez (2019); Estrada, Cantu y Torres (2020) e IMCO (2021)

Se presenta los resultados estadísticos determinados por la cantidad del tipo de artículos encontrados, el año de publicación y el nombre de la revista de publicación. Encontrándose que la totalidad de artículos tienen como tipo de documento ser científicos (100%). Por otro lado, los años de publicación con mayor porcentaje corresponde al año 2021, con 3 artículos representando un 27%, con 2 artículos se tiene a los años 2020, 2019 y 2018 siendo un 18% cada uno y 1 al 2017 y 2023 respectivamente representando 9.5%, cada uno.

Conclusiones

El principal objetivo de este artículo es la realización de un análisis de los diversos autores con temas similares en adquisiciones publicas sustentables, con enfoque en economía circular, al revisar la literatura en los ámbitos Internacionales, Nacionales y Estatales, se constató que en un plano internacional los autores mencionan que si se cuenta con estrategias para la inclusión de adquisiciones sustentables, sin embargo se observa que los países con mayor desarrollo son los que cuentan con estrategias muy avanzadas en términos de recolección y uso de material de reciclaje, los países menos desarrollados tienen en alguno de los casos leyes que permiten la implementación de productos o servicios con términos sustentables, sin embargo en la mayoría de los casos no se cuenta con evidencia de los resultados o seguimiento; en México derivado de los diversos autores se avanza de forma lenta, si bien algunos estados ya lo están implementando sobre todo en la iniciativa privada, en las Instituciones Públicas aún se tienen retos en la calidad y transparencia de los datos de compras y sobre todo, en la documentación de los bienes y servicios contratados.

Las adquisiciones sustentables deben generar un cambio de paradigmas en el aspecto cultural al momento de la realización de una compra institucional responsable la cual se base en la adquisición de productos o servicios que cuenten con criterios de sustentabilidad que incluyan la disminución de los impactos ambientales, no dejando de lado el fortalecimiento de la economía regional y la equidad social.

Al incluir adquisiciones sustentables se tendrían procedimientos eficientes para mitigar el impacto socioambiental que generan las actividades cotidianas de las personas y los procesos que realizan las organizaciones, y de esta forma disminuir su consumo y su impacto energético total, que se refleja en el ámbito económico.

Reconocimientos

1. Se cuenta con Beca Conahcyt para el desarrollo de la Maestría en Dirección Empresarial.
2. Se participó en el primer Foro Regional de Posgrado, Investigación, Extensión y Vinculación organizado por la Universidad Veracruzana.
3. Dentro de las actividades a realizar producto de esta investigación la impartición de conferencias y el establecimiento de foros para sensibilizar acerca de la importancia de las adquisiciones sustentables dentro de las Instituciones Públicas.
4. Presentar una propuesta para la inclusión dentro de la normatividad vigente de realizar contrataciones de bienes y/o servicios con proveedores que cumplan con requisitos ambientales, preferentemente que incluyan en sus procesos de fabricación o servicio, la economía circular.

Referencias Bibliografía

Arroyo Morocho, F. R. (2018). La economía circular como factor de desarrollo sustentable del sector productivo. *INNOVA Research Journal, 3(12)*, 78–98. doi:https://doi.org/10.33890/innova.v3.n12.2018.786

Cepal. (2021). Economía circular en América Latina y el Caribe. doi:https://repositorio.cepal.org/server/api/core/bitstreams/5fceda72-3fed-4ace-bb87-5688547cf2f5/content

Choy Sánchez, J. Y. (2017). Innovaciones en Compras Públicas Sustentables Incluso de criterio de empleabilidad en las compras públicas.

Cordero Torres, B. (2019). Selección de proveedores priorizando criterios sostenibles. *Industrial data, 22(1)*, 153-162. doi:http://dx.doi.org/10.15381/idata.v22i1.16532

Estrada Domínguez, J. E., Cantu Mata, J. L., & Torres Castillo, F. (2020). Factores que influyen en el consumidor para la adquisiciones de productos sustentables. *Interciencia, 45*(1), 36-41.

Gamboa Castro, J. J., & Salazar Rojas, T. (2018). Inclusión de criterios ambientales en las compras públicas en Costa Rica: suministros de oficina. *Revista Tecnología en Marcha, 31*(4), 167-185. doi:http://dx.doi.org/10.18845/tm.v31i4.3975

Gobierno de México. (2017). *Secretaria de la Función Pública.* Obtenido de https://www.gob.mx/sfp/acciones-y-programas/contrataciones-publicas-sustentables

INSTITUTO MEXICANO PARA LA COMPETITIVIDAD. (2022). *Compras públicas estatales 2021.* Obtenido de https://imco.org.mx/compras-publicas-estatales-seis-casos-de-estudio

Ivanega, M. M. (2023). Reflexiones acerca de las compras públicas de diseño. *Cuad. Cent. Estud. Diseñ. Comun., Ensayos n. 128, pp. 241-251.* doi:http://dx. doi.org/10.18682/cdc. vi128. 4866

Larrouyet, M. C. (2015). Desarrollo sustentable: origen, evolución y su implementación. *Repositorio Institucional Digital de Acceso Abierto de la Universidad*, 7-8. doi:http://ridaa.unq.edu.ar/handle/20.500.11807/154

Ley de Procedimiento Administrativo de la Ciudad de México. (2018).

Moya Varela, G. A. (2021). Compras públicas sustentables en Chile: estado de avance en la aplicación de criterios de sustentabilidad en licitaciones pública. doi:https://repositorio.uchile.cl/handle/2250/184341

Naciones Unidas, C. (2018). *La Agenda 2030 y los Objetivos de Desarrollo Sostenible, una oportunidad para America Latina y el Caribe.*

Nubia Arias, B. (2016). El consumo responsable: educar para la sostenibilidad ambiental. *Aibi, Revista de Investigación, 4*(1), 29-34. doi:10.15649/2346030X.385

Organización de las Naciones Unidas. (s.f.). *Objetivos de Desarrollo Sostenible.* Recuperado el 15 de 07 de 2024, de https://www.un.org/sustainabledevelopment/es/

Ortega Laurel, C. (2021). El Estado como consumidor inteligente para efectuar adquisiciones públicas de innovación. *Revista de Tecnología y Sociedad, 11*(20). doi:https://doi.org/10.32870/pk.a11n20.532

Pérez Pérez, M., Miguel Velasco, A. E., Moreno Avendaño, J., & Martínez Garcí, K. A. (2019). Educación media superior y desarrollo sustentable en las ciudades del estado de Oaxaca, México. *41*(163), 69-87.

Porter, M. (2004). Cadena de Valor.

Real Academia Española. (s.f.). *Consumo.* En diccionario de la Lengua Española (23.ª ed., [versión 23.7 en línea]). Recuperado el 15 de 07 de 2024, de https://dle.rae.es

Rivera Espinosa, R., Ramírez Cortez, A. V., & Larraga Lara, R. (2020). *Escenarios sustentables para el desarrollo comunitario.* España.

Secretaria de Finanzas y Planeación. (2018). Gobierno del Estado de Veracruz. Obtenido de https://www.veracruz.gob.mx/finanzas/wp-content/uploads/sites/2/2022/02/LEY-DE-ADQUISICIONES

Yunis, C., Alfaro, C., Clerc, J., & Pereira, A. M. (2021). Economía circular y valorización de metales: residuos de aparatos eléctricos y electrónicos. Obtenido de https://hdl.handle.net/11362/47429

Capítulo 2
Los principales problemas de los actores de la educación Superior Universitaria Publica: Estudiantes y Docente.

Astrid Larrondo García
Roció Vargas Cruz
Irma Alicia Vargas Cruz

Los principales problemas de los actores de la educación Superior Universitaria Publica: Estudiantes y Docente.

Resumen

Se analizan las problemáticas de los actores principales de la educación superior que son los alumnos y los docente de la post pandemia en el presente trabajo, cuya importancia es vital para que se dé una armonía entre los principales actores de la educación, además de analizar los problemas en la vida universitaria desde la experiencia de los alumnos, los recursos económicos, los desafíos académicos de los docentes ante la nueva forma de aprender de los estudiantes, a través de revisión documental de literatura sobre el tema.

Se destaca la necesidad de abordar estas problemáticas de manera integral, considerando la importancia de la formación permanente del profesorado y el respaldo institucional necesario para enfrentar estos desafíos.

Palabras clave:
Actores de la Educación, Alumnos, Docentes, Educación Superior, Problemática

Introducción

Esta investigación tiene como finalidad abordar y aglutinar las problemáticas de los actores de la educación superior. Abordando así sus dichas de los alumnos y los docentes observados en tiempo reciente, post pandemia y de regreso a las actividades presenciales.

El hombre es sin duda, una realidad psicofísica compleja que cuenta con la característica más peculiar de entre todos los organismos vivos, surge con una indeterminación biológica al nacer, lo que conduce a que a lo largo de su desarrollo busque esencialmente resolverse a sí mismo (Garcia Aretio & Ruiz Corbella, 2009). Es decir "Es un ser corpóreo, pero es más que su cuerpo; se trata de un sujeto individual, pero necesita de la sociedad formada por sus semejantes; sus capacidades cognoscitivas se orientan no solo a la contemplación teórica sino también a la acción practica y a la producción técnico artística; y experimenta una serie de necesidades materiales, biológicas, cognitivas, afectivas, estéticas y transcendentes que tiene que satisfacer" (Garcia Amilburu, 2003).

El principal objetivo de este ensayo es listar y analizar las problemáticas post pandemia a las que se enfrentan los principales actores de la educación superior en Universidad Publica en México, en tiempos post pandemia los alumnos y los docentes como resultado de una revisión documental de literatura sobre el tema. En cuya hipótesis se puede asegurar que la forma de aprender y de incorporarse de los estudiantes a la educación superior es totalmente diferente, encontrándose con un choque cultural por parte de los docentes y que urgentemente han tenido que cambiar para estar en armonía con esta nueva forma de aprendizaje.

Fundamentación Teórica.

Actualmente se puede observar que los estudiantes son un poco más sensibles a la forma tradicional en que se imparte la educación, no solo en el nivel superior, sino en todos los niveles, pero la presente investigación se enfoca particularmente a la educación superior en el que se analiza a continuación diferentes aspectos.

Actores en el ámbito escolar.

En su libro, Dubet y Martuccelli, "En la escuela. Sociología de la experiencia escolar" comienzan planteando la siguiente premisa: ¿Cuál es el resultado de la acción de la escuela? Y se responden los principales actores, alumnos, maestros, autoridades (Dubet & Martuccelli, 1998). Al utilizar el término de producir, los autores nos sitúan en el ámbito laboral y económico. A lo largo de este libro, Dubet y Martuccelli comparten los resultados de una investigación de tres años realizada con un equipo interdisciplinario compuesto por sociólogos, psicólogos, orientadores educativos, docentes y directivos. Esta investigación se centra en la experiencia escolar de estudiantes de primaria, secundaria y bachillerato, tanto de clases medias como populares. Hablar de educación, es hablar también de enseñanza, de instrucción, de enseñanza, de formación, de adiestramiento, o de adoctrinamiento (Garcia Aretio & Ruiz Corbella, 2009).

Los problemas en la vida universitaria desde la experiencia de los alumnos.

Entre las principales problemáticas que enfrentan los alumnos de licenciatura a nivel nacional se observan:

1. La disponibilidad de recursos económicos y el acceso a la educación superior. Algunos estudiantes de nivel licenciatura pueden enfrentar dificultades económicas por la situación de sus padres para cubrir costos de inscripción, matricula, libros, transporte y otros gastos relacionados con la educación universitaria.

Resulta relevante garantizar el derecho a la educación superior para reducir la desigualdad y fomentar la justicia social, de hecho, es uno de los principales desafíos de los sistemas educativos en América Latina (Reimers, 2003). La democratización del acceso a este nivel educativo es crucial para asegurar sistemas democráticos en los cuales las condiciones sociales de origen no determinen la trayectoria de vida de las personas, según lo señalado por Reimers.

Todos los planes encaminados a socializar la amplitud democrática para ingresar a la educación superior, desde la perspectiva Coraggio, "contribuyen a generar un espacio pluralista de clases y a reabrir la posibilidad de progreso individual para quienes la habrían perdido en su tramo educativo anterior" (Coraggio, 2001). Le aportan movilidad a las personas que nacen en estratos inferiores para poder accesar a una mejor calidad de vida con trabajos mejor remunerados al concluir sus estudios.

Diversos estudios realizados por Kisilevsky y Veleda en 2002, Cabrera en 2001, Filmus en 2001, autores que exploran los factores que afectan el acceso y la permanencia en la universidad, estos señalan una variedad de factores, más allá de los económicos, que influyen en la posibilidad de ingresar y continuar los estudios en instituciones de educación superior.

Los estudios arrojan tres puntos medulares: El entorno familiar, es relevante para continuar con los estudios a nivel superior, el éxito académico de los jóvenes no solo depende de la educación alcanzada por sus padres, sino también de la ayuda que les proporcionan. Resalta también la experiencia en el nivel de educación anterior, la preparatoria, la motivación de los padres y amigos durante esta etapa, es destacada para garantizar la inscripción al siguiente nivel. También las calificaciones en el idioma y las matemáticas, así como repetir cursos, son determinantes para el acceso a la educación universitaria. Por otra parte, contar con acceso a información sobre la oferta universitaria, que se trata en el punto 3 de este ensayo.

2. Desafíos académicos. En efecto, la transición de la educación secundaria a la universidad puede ser difícil para algunos estudiantes. Pueden experimentar desafíos académicos, como dificultades en la adaptación al ritmo y la carga de trabajo universitarios. Como ejemplo en el curso en la sesión 2 del Diplomado, se habló de que algunos alumnos por atravesarse en tiempo la Pandemia, no tenían la habilidad de trabajar en equipo lo suficientemente formada.

El estudiante universitario aspira a desarrollarse como un profesional competente capaz de integrarse en el ámbito laboral y social. Confiando en el sistema educativo como un medio de colocación social, se convierte en un deber ético de la formación universitaria asegurar la calidad integral de su preparación, tanto en aspectos personales como profesionales, para su futura participación en el mundo laboral (Muñoz, Latrach, & Araya, 2010), (Villa & Poblete, 2007). A pesar de ello se enfrenta a retos dentro del mercado laboral, retomado en el punto 11.

A nivel global, diversas investigaciones y evaluaciones abordan la calidad de los profesionales que se gradúan de las universidades (Barrera, 2009), (Cevallos & Rosales, 2019), (Izquierdo & Loarte, 2015), (Olivos, Voisin, & Fernández, 2015), (Maldonado & Vidal, 2015). Antes de egresar los universitarios deben demostrar el cumplimiento del perfil de egreso ofrecido por la universidad y estar preparados para adaptarse a las cambiantes demandas del mercado laboral y de la sociedad.

Por lo tanto, de acuerdo a Villarroel y Bruna, "uno de los mayores desafíos es implementar métodos de evaluación pertinentes que se ajusten al perfil de egreso comprometido y a las necesidades del mundo laboral" (Villarroel & Bruna, 2019). Es por ello que se busca que los programas de estudio sean cada vez más pertinentes, por lo que se revisan frecuentemente en las universidades los programas educativos, para dar como resultado programas ajustados a la realidad y a las necesidades del empresario local.

3. Falta de apoyo académico y orientación. La falta de orientación académica y apoyo puede ser una barrera para el éxito estudiantil. Esto incluye la falta de asesoramiento en la elección de carreras, la planificación académica y el acceso a recursos de apoyo, como tutorías. Este punto me toco vivirlo como docente al tratar de orientar a algunos alumnos para tomar la decisión de posponer o abandonar sus estudios un año, debido a que no habían analizado suficiente a que carrera ingresar alumnos de 17 años. En todo caso le sugerí continuar estudiando, sin embargo, cuatro alumnos dejaron de estudiar este semestre final de 2023.

De acuerdo a Kisilevsky y Veleda, la familiaridad con la institución a la que se ingresa, el proceso de inscripción y conocer los planes de estudio, las becas, también son elementos cruciales para la etapa de transición entre la escuela preparatoria y la universitaria. En contraste, la falta de orientación vocacional en nivel preparatoria, la falta de acompañamiento, remarcan el problema igual que la rigidez de los planes de estudio entre las universidades, que dificultan los tramites de cambio de carrera (Kisilevsky & Veleda, 2002).

4. Infraestructura y recursos limitados. Las instituciones públicas a menudo enfrentan limitaciones en términos de infraestructura, bibliotecas, laboratorios y tecnología, lo que puede afectar la calidad de la educación y la experiencia estudiantil.

Muchas instituciones educativas públicas, tanto en entornos urbanos como rurales, se enfrentan a la realidad de no integrar las Tecnologías de la Información y Comunicación (TIC) en sus procesos educativos. Esta situación se debe a la carencia de laboratorios de cómputo, la falta de acceso a internet y la ausencia de herramientas tecnológicas en las aulas, lo que resulta en estudiantes que no están debidamente preparados para afrontar un mundo cada vez más exigente, donde la tecnología desempeña un papel fundamental (Navarrete, Mendieta, & Vera, 2019).

5. Problemas de Salud Mental. Los jóvenes muestran baja resistencia a la frustración y entonces la presión académica, las expectativas sociales y otros factores pueden contribuir a problemas de salud mental entre los estudiantes universitarios. La falta de servicios de salud mental accesibles puede exacerbar estas dificultades. En nuestra facultad se hace uso de las consultas psicológicas para los alumnos, están abiertos a recibirlos y atenderlos en caso de una crisis y me ha tocado como docente, canalizar a un par de jóvenes universitarias para que las traten y tranquilicen a raíz de crisis de ansiedad que les ha provocado las clases.

El entorno de la universidad es un ambiente que ofrece retos a los estudiantes y da pie a la presencia de situaciones de problemáticas de salud mental si ellos no muestran habilidaes y conocimientos necesarios para enfrentarlos, situación que impacta diversas áreas. (Cuamba Osorio, & Zazueta Sanchez, 2020).

Por otro lado, Restrepo y Jaramillo (2012), basándose en el modelo cognitivo, indican que la salud mental implica la habilidad del individuo para ajustarse a las exigencias del entorno. Estas declaraciones sugieren que el término ya no se limita únicamente a la falta de trastornos mentales, sino que incorpora elementos de bienestar y capacidad de afrontamiento en la persona (Restrepo & Jaramillo, 2012). En las instituciones universitarias, es crucial no pasar por alto la necesidad de mantener actualizada la información sobre el estado de salud mental de los estudiantes. Esto implica fortalecer el área correspondiente y mejorar las habilidades pertinentes (Mitchel, Hemer, & Finley, 2016), con el objetivo de generar un impacto positivo en el proceso de aprendizaje (Sánchez, León, & Barragán, 2016).

Los resultados coinciden con hallazgos previos en ciertos aspectos, como los desafíos en la regulación emocional y la inestabilidad emocional identificados en investigaciones anteriores (Pozos, Preciado, Acosta, Aguilera, & Delgado, 2014). También se observan problemas relacionados con el estado de ánimo, como la depresión, corroborando investigaciones previas realizadas (Gallagher, 2014), (Lester, 2014) y (Lipson, Gaddis, Heinze, Beck, & Eisenber, 2015). Además, se encuentran dificultades relacionadas con el sueño, respaldando lo encontrado por (Valerio, Jin, & Sexton, 2016). Asimismo, se identifican comportamientos autodestructivos, como los suicidas, coincidiendo con los estudios de Lester (2014) y Lipson et al. (2015).

6. Desigualdades socioeconómicas y culturales. Los estudiantes provienen de diversos contextos socioeconómicos y culturales, lo que puede influir en sus experiencias y oportunidades educativas. Las desigualdades en la educación secundaria y preparatoria también pueden persistir y afectar el rendimiento universitario. Tal como señala Reimer, reducir la desigualdad es uno de los retos de las Instituciones Educación Superior en américa latina (Reimers, 2003).

7. Falta de participación estudiantil. La participación estudiantil en actividades extracurriculares, proyectos de investigación y otras oportunidades puede ser limitada, afectando el desarrollo integral de los estudiantes. Esta participación también se ve afectada por el punto 1 los recursos económicos familiares y el apoyo de los padres. Está relacionado con el grado de comodidad del estudiante, sobre disponer de su tiempo para actividades de aprendizaje y recreación.
8. Problemas de acceso a la tecnología. La brecha digital puede ser un desafío, especialmente si los estudiantes no tienen acceso a computadoras o a una conexión a Internet confiable para participar en clases en línea y acceder a recursos digitales.

Uno de los desafíos resaltados en la literatura (Stine, 2004)se relaciona con las tecnologías de la información, según lo señalado por Stine. Dado que las actividades respaldadas por la tecnología son parte integral de la vida cotidiana en la educación superior, estos problemas representan un fenómeno digno de investigación. Según Stine, los educadores deben "considerar cuidadosamente cómo abordarán los problemas asociados con la instrucción, tanto en términos de pedagogía como en relación con los estudiantes, antes de adoptar plenamente la tecnología" (Stine, 2004).

Los problemas discutidos y detallados en la literatura sobre Tecnologías de la Información y la Comunicación (TIC) incluyen cuestiones que afectan a los estudiantes, como el acceso limitado a la tecnología y a los servicios de apoyo, la falta de habilidades tecnológicas, la ausencia de una comunidad virtual, deficiencias en las habilidades de lectura y académicas, así como resistencias en la incorporación de tecnologías. Por otro lado, se abordan problemas vinculados a las instituciones educativas y al cuerpo docente, como el uso excesivo de la tecnología en detrimento de la reflexión pedagógica, la carencia de formación adecuada y la rapidez de los cambios tecnológicos, (Stine, 2004).

La principal barrera en la integración de las Tecnologías de la Información y la Comunicación (TIC) en la enseñanza es la restricción en el acceso, ya que, si los estudiantes no pueden disponer de la tecnología, se ven limitados desde el comienzo, independientemente de su capacidad para comprender el contenido del curso. Aunque se observa un aumento en el acceso a la banda ancha a Internet en los hogares, todavía persisten limitaciones para muchos estudiantes. Además, es esencial cuestionar la supuesta disponibilidad de acceso proporcionada por los campus y las bibliotecas, que en muchas ocasiones son deficientes. Siguiendo el planteamiento de Tinto, para muchos estudiantes no tradicionales, las responsabilidades familiares y laborales restringen el tiempo que pueden dedicar en el campus, y al final del día y los fines de semana, momentos en los que finalmente tienen la oportunidad de dedicarse a sus estudios académicos, los campus y las bibliotecas universitarias suelen estar cerrados (Tinto, 2008).

El estudio de las TIC y su aplicación en la educación es de suma importancia, ya que facilita la transferencia de conocimientos, fomenta el autoaprendizaje y promueve la comprensión (Khan & Markauskaite, 2017). La introducción de la tecnología en el ámbito universitario implica cambios en el proceso educativo y conlleva un aumento en el rendimiento académico. Esto se debe a la adquisición de habilidades y actitudes que son beneficiosas para mejorar las perspectivas laborales. Además, posibilita una constante innovación en las aulas al ampliar los entornos de aprendizaje y diversificar los métodos de trabajo (Faúndez, Bravo, Ramírez, & Astudillo, 2017)

La consideración de la alfabetización digital de los estudiantes abarca una variedad de objetivos cruciales de acuerdo a Cabero y Llorente (2006). Esto implica que los estudiantes adquieran habilidades técnicas para manejar cada tecnología, comprendiendo tanto el conocimiento práctico del hardware como del software asociado con cada medio. Además, deben desarrollar un conjunto específico de conocimientos y habilidades que les permitan buscar, seleccionar, analizar, comprender y recrear la vasta información disponible a través de las nuevas tecnologías. Es esencial cultivar valores y actitudes hacia la tecnología, evitando tanto la aversión sistemática (tecno-fobia) como la aceptación acrítica y sumisa. La incorporación de medios y tecnologías en la vida cotidiana no solo se limita al entretenimiento y consumo, sino que también se destaca como entornos para la expresión y comunicación con otros individuos. Esto implica reconocer y gestionar eficazmente la necesidad de información, trabajar con diversas fuentes y códigos de información, evaluar y discernir la calidad de la información, organizarla de manera efectiva y utilizarla eficientemente para abordar problemas o investigaciones. Sin embargo, es crucial considerar que la exposición constante a las tecnologías ha dado lugar a formas distintas de procesar la información en comparación con las generaciones adultas (Cabero & Llorente, 2006).

Cabero, J. y Llorente, C. (2006). Capacidades Tecnológicas de las TICs por los Estudiantes. Enseñanza 24 159-175. Sevilla: GID.

9. Desafíos en la empleabilidad. Los estudiantes pueden enfrentar dificultades para encontrar oportunidades de empleo después de graduarse debido a factores como la falta de conexiones, la competencia laboral y la falta de experiencia laboral relevante. Los docentes.

El estudiante universitario al graduarse y buscar empleo, "suele enfrentarse a una competencia más intensa, ya que la oferta de graduados es más extensa debido a la expansión masiva de la educación superior a nivel mundial" (Villarroel & Bruna, 2019).

De acuerdo a Antunes y Pochmann (2012) explican que el desempleo estructural surge cuando existe un desajuste entre el número de egresados de las organizaciones educativas y la capacidad de absorción del sistema económico (Antunes & Pochmann, 2008). Este desajuste no se limita exclusivamente a los recién egresados, generando deudas significativas entre la formación académica y el sistema económico. Esto resulta en un déficit en la empleabilidad y, en particular, amplía las limitaciones para la inserción laboral de los egresados (Gil Garcia & Piana, 2019).

Estas barreras surgen no solo debido al rápido avance tecnológico inherente al desarrollo económico, sino también como resultado de la inclinación empresarial a intensificar los criterios de selección para cubrir sus vacantes laborales (Ribes, 2017). Este fenómeno se observa especialmente en algunos países de América Latina. En consecuencia, las habilidades ofrecidas por los egresados en su formación están desalineadas con las exigencias del mercado laboral. Los desajustes entre el sistema educativo y las necesidades laborales han llevado a la desocupación de los graduados (De la Hoz, Quejada, & Yánez, 2012)

Los graduados que ingresan al mercado laboral por primera vez a menudo no consideran las barreras de entrada y los desafíos asociados con la integración a la población económicamente activa. Según Chung (2019), en esta fase de transición, los jóvenes se enfrentan a diversas dificultades que requieren la aplicación de un conjunto específico de habilidades y competencias para aprovechar eficazmente el aprendizaje acumulado a lo largo de cuatro o cinco años de formación (Chung, 2019). Aunque no existen fórmulas predefinidas para garantizar la obtención de empleo, hay indicadores más o menos significativos que orientan los esfuerzos para ingresar al mercado laboral o, al menos, aumentan la probabilidad de lograrlo. En este contexto, Bourdieu (1986) identifica tres tipos de capitales que contribuyen al éxito laboral: el capital económico, social y académico (Bordieu & Richardson, 1986).

10. El consumo de alcohol y drogas a temprana edad presenta dificultades en su desempeño.

El fenómeno del consumo de alcohol entre estudiantes universitarios ha sido objeto de numerosas investigaciones epidemiológicas a nivel global. Se han realizado diversos estudios en diferentes contextos y culturas, revelando resultados variables, con especial atención a la prevalencia del consumo en países como Canadá, EE. UU. y México. En este análisis, se examinan las consecuencias del acceso a bebidas alcohólicas, la autonomía estudiantil y la falta de supervisión parental en relación con el consumo de alcohol.

En primer lugar, en cuanto a la prevalencia del consumo de alcohol, en Canadá, un estudio con 6,282 estudiantes universitarios indicó que el alcohol es la sustancia más utilizada, con una prevalencia del 77% en los últimos 30 días (Hingson, Heeren, & Winter, 2006). Por otro lado, tanto en EE. UU. como en México, la población universitaria en general muestra elevadas tasas de consumo excesivo, abuso y dependencia (Johnston, O'Malley, Bachman, & Schulenberg, 2007).

Un segundo aspecto significativo es la identificación de factores de vulnerabilidad en la población universitaria. Se considera que esta población es altamente vulnerable al consumo de alcohol debido a la fácil disponibilidad de bebidas alcohólicas, el aumento de situaciones de consumo en el entorno universitario, la independencia y autonomía estudiantil, así como la falta de control parental. Estos factores contribuyen a la problemática creciente del consumo de alcohol en este grupo.

El impacto académico y social es otro aspecto relevante. Se ha documentado un aumento significativo en el ausentismo y la deserción escolar entre los estudiantes universitarios que abusan del alcohol (Londoño, García, & Vinaccia, 2005) (Crum, Ensminger, Ro, & McCord, 1998). Además, se observa una mayor insatisfacción escolar, repetición de cursos y dificultades familiares y sociales (Wichstrom, 1998) (López-Frías, et al., 2001) (Donovan, 2004), resaltando la compleja interacción entre el consumo de alcohol, el rendimiento académico y el bienestar social.

Las implicaciones para la salud también son destacadas, ya que el abuso de alcohol entre estudiantes universitarios se asocia con consecuencias adversas como mayor morbilidad, violencia, problemas familiares, deserción escolar y accidentes (Reinaldo & Pillon, 2008). La Organización Mundial de la Salud informa que, en el año 2000, el consumo de alcohol contribuyó al 4,0% de la carga mundial de morbilidad relacionada con trastornos neuropsiquiátricos como dependencia, psicosis y depresión y traumatismos no intencionales, como accidentes en auto, quemaduras, ahogamiento, caídas (PNSD, 2007). Además, se resalta el aumento de enfermedades gastrointestinales y cardiovasculares, accidentes de tránsito, muertes violentas y la propagación de enfermedades de transmisión sexual relacionadas con el uso excesivo de alcohol y prácticas sexuales inseguras.

Pérez & Scoppetta (2008) indican que el rendimiento académico deficiente resulta ser una de las secuelas educativas del consumo de alcohol. Esto se debe a que los efectos del consumo afectan al cerebro, dando lugar a fallos en los procesos de atención, memoria y pensamiento, lo que lleva a que el estudiante no cumpla con los requisitos de la institución educativa (Pérez & Scoppetta, 2008).

El consumo de alcohol en estudiantes universitarios es una preocupación global con consecuencias significativas en la salud y el bienestar. La comprensión de los factores de vulnerabilidad, así como el impacto académico y social, es esencial para abordar eficazmente este problema y desarrollar estrategias preventivas y de intervención.

Los problemas en la vida universitaria desde la experiencia de los docentes.

El otro actor principal en la Universidad es sin duda el docente, a quien resulta fundamental preparar en diversos aspectos, ya que él es, quien se encargará de transmitir el conocimiento a sus alumnos. Su labor va más allá de solo dar su clase y retirarse del salón, es por ello que puede enfrentar diversidad de retos. Los docentes en el ámbito de la escuela pública a nivel de educación universitaria pueden enfrentar diversas problemáticas que afectan su desempeño y bienestar. Algunas de estas problemáticas incluyen:

1. Carga de trabajo elevada e inestabilidad Laboral, burocracia: Los docentes universitarios pueden enfrentar una carga de trabajo intensa, que incluye la preparación de clases, la corrección de exámenes, la supervisión de proyectos de investigación y la participación en comités y actividades académicas adicionales. La inestabilidad laboral, especialmente en contextos donde hay contratos temporales o precarios, puede ser una preocupación para los docentes universitarios. La burocracia y los trámites administrativos pueden consumir tiempo y energía, distraer a los docentes de su labor académica y afectar su motivación.

Estudiar la carga laboral en docentes de enseñanza media y docentes universitarios ha generado un interés en el último tiempo, debido a que estos grupos están expuestos cotidianamente a agentes estresores producto de las exigencias de sus trabajos habituales relacionadas con poseer un contexto cambiante, como resultado de condiciones laborales propias de la modernidad, alta competitividad y escaso tiempo de descanso (Palacios & Montes de Oca, 2017)

En la rutina diaria de la enseñanza, se enfrentan diversos elementos de riesgo y demandas laborales, siendo especialmente relevantes los factores psicosociales que impactan en la salud mental de los trabajadores, ya sean mujeres u hombres, debido al estrés que generan 1 (Cisneros-Blas, Ramírez-Sandoval, & Cisneros, 2009).

Estos factores comprenden las interacciones entre la labor, su entorno, la satisfacción laboral y las condiciones organizativas, por un lado, y las habilidades, necesidades, cultura y situación personal del empleado fuera del trabajo, por otro. Todas estas dimensiones, a través de percepciones y experiencias, ejercen influencia en la salud y el desempeño laboral (OIT-OMS, 2004).

2. Falta de recursos y tecnología. Las instituciones públicas a menudo pueden tener limitaciones en términos de recursos didácticos, tecnología educativa y acceso a bibliografía actualizada, lo que puede afectar la calidad de la enseñanza. La falta de infraestructura adecuada, salones de clases cómodos, y condiciones laborales inadecuadas pueden afectar negativamente la experiencia de los docentes y, por ende, la calidad de la enseñanza.

La era digital está transformando las estructuras organizativas a nivel global y local, generando impactos positivos en el desarrollo humano, económico y social, según indican (Galperin, Mariscal, & Barrantes, 2014). A pesar de estos avances, ha surgido una disparidad digital que se caracteriza por la diferencia entre aquellos que tienen acceso a la información y utilizan las Tecnologías de la Información y Comunicación (TIC), y aquellos que, debido a factores sociales, económicos, políticos, demográficos, culturales, históricos, geográficos y tecnológicos, no pueden disfrutar de tales beneficios, como señalan (Gómez Navarro, Alvarado-López, Martínez-Dominguez, & Díaz de León, 2018).

3. Los desafíos en la actualización académica: Los docentes universitarios necesitan mantenerse actualizados en sus campos de estudio, pero pueden enfrentar dificultades para acceder a oportunidades de formación continua o para realizar investigaciones debido a restricciones de tiempo y recursos.

La universidad debe adoptar una postura crítica frente al conocimiento y las tecnologías de la información y comunicación, buscando impulsar una transformación. En este sentido, según Medina, Domínguez y Gonçalves (2011), los profesores universitarios han estado enfocados en impartir enseñanza centrada en el conocimiento académico, esencial y cada vez más globalizado, pero que resulta insuficiente para hacer frente a los nuevos desafíos de la sociedad del conocimiento. Estos desafíos incluyen las demandas laborales y los cambios exponenciales en las formas de desempeñar la vida laboral, influenciados por el uso de las TIC, así como el impacto de las redes sociales y la constante transformación de la cultura, las organizaciones y los diversos escenarios socio-laborales que presentan una multiplicidad de culturas y enfoques para abordar los problemas (Medina, Dominguez, & Gonçalves, 2001).

En diversas declaraciones, la UNESCO en París (1998) reitera la importancia de la educación continua para los profesores universitarios, enfatizando que su formación docente debe ser considerada como una prioridad en el quehacer de las instituciones, al reconocerla como un elemento clave para el progreso de la Educación Superior en el marco del sistema educativo nacional (UNESCO, 1998).

En este contexto, Imbernón (1994) utiliza el término "formación permanente del profesorado" para referirse a un subsistema específico orientado al perfeccionamiento de los docentes en su labor educativa. Este enfoque busca que los profesionales mejoren tanto en el ámbito profesional como humano, permitiéndoles adaptarse a los cambios científicos y sociales de su entorno (Imbernon, 1994). El autor Marcelo en su libro de 1995, refuerza esta noción al destacar que la formación permanente se ocupa de la investigación y la práctica docente de profesores en ejercicio con el objetivo de mejorar la educación (Marcelo, 1995).

Tunnerman (1996) conecta este término con una perspectiva más amplia al afirmar que la formación permanente es una filosofía educativa y no simplemente una metodología. En este sentido, sostiene que es una respuesta a la crisis de la sociedad contemporánea, donde el aprendizaje consciente y deliberado no puede limitarse a los años escolares, buscando integrar el aprendizaje y la vida de manera más efectiva (Tunnermann, 1996).

4. Presión para producir investigaciones. La presión para realizar investigaciones y publicar puede generar tensiones en los docentes, especialmente en un entorno donde se valora la producción académica como parte fundamental de la labor docente.

La UNESCO es una de las Instituciones que más promueve la Investigación desde informes de 1998, al señalar que las instituciones tienen la responsabilidad de garantizar que todos los miembros de la comunidad académica involucrados en investigaciones reciban la formación, los recursos y el respaldo adecuados.

Los derechos derivados de los resultados de la investigación, tanto en el ámbito intelectual como cultural, deben ser utilizados en beneficio de la humanidad y protegidos contra un uso inapropiado. Es esencial promover la investigación en diversas disciplinas, abarcando desde las ciencias sociales y humanas hasta la ingeniería, las ciencias naturales, las matemáticas, la informática y las artes.

Este impulso a la investigación debe llevarse a cabo en consonancia con políticas de investigación y desarrollo a nivel nacional, regional e internacional. Se destaca la importancia de fortalecer las capacidades de investigación en las instituciones de educación superior que desempeñan funciones investigativas. La integración de la educación superior y la investigación en una misma institución contribuye mutuamente a elevar la calidad, y estas instituciones deben recibir el respaldo material y financiero necesario de fuentes tanto públicas como privadas (UNESCO, 1998).

5. Dificultades en la relación con los estudiantes. Los docentes pueden enfrentar desafíos en la relación con los estudiantes, como la diversidad de perfiles académicos y culturales, así como la gestión de grandes grupos de estudiantes en aulas con recursos limitados.

Según Fernández (2013), el proceso de enseñanza se presenta como un elemento fundamental en la sociedad. Es esencial comprender que, aunque el aprendizaje se orienta hacia un grupo, cada individuo posee sus propios métodos de aprendizaje, y los profesionales de la enseñanza buscarán estrategias para fortalecer esta dinámica (Fernandez, 2013). Por lo tanto, dentro de las demandas planteadas para la innovación en los centros educativos, se plantea el desafío de abordar la diversidad de estudiantes que participan progresivamente en los procesos de formación, con el objetivo de prevenir y reducir la exclusión. En otras palabras, los educadores deben ofrecer respuestas adaptadas al contexto específico en el que se encuentren las instituciones de educación superior (Gómez-Montes, 2005).

6. Desafíos en la adaptación a nuevos enfoques pedagógicos. La implementación de nuevos enfoques pedagógicos o tecnologías educativas puede generar resistencia o presentar desafíos para algunos docentes que no están familiarizados con estas metodologías.

El examen de las fases de adopción de la tecnología podría proporcionar claridad acerca de las características personales de los docentes, así como de su percepción de los medios tecnológicos en entornos educativos. Esta etapa se considera anterior a cualquier esfuerzo institucional para incorporar los medios tecnológicos en el plan de estudios (Sánchez J., 2007)El progreso se caracterizaría por niveles crecientes de autonomía en la búsqueda, utilización, experimentación y aproximación, siempre influenciados por las concepciones y creencias pedagógicas y epistemológicas, además de basarse en el análisis de la información disponible.

En el presente, las Tecnologías de la Información (TI) se consideran un medio que favorece la autoformación, lo cual incide en su empleo hasta cierto punto (Amar Rodriguez, 2006)De hecho, los docentes exhiben ciertos niveles de destreza en las TI y demuestran grados crecientes de dominio técnico, ya sea como parte de su formación inicial o mediante experiencias personales (OCDE, 2003).

Es importante abordar estas problemáticas antes planteadas para mejorar las condiciones de trabajo de los docentes y promover un ambiente propicio para la excelencia académica. La colaboración entre docentes, administradores y autoridades educativas puede ser clave para encontrar soluciones efectivas.

Conclusiones

Conclusión de las problemáticas de los estudiantes.

Son fuertes todos los desafíos a los que se enfrentan los alumnos dado que desde el seno familiar experimentan incertidumbre, esto impactara directamente su desempeño escolar. Factores como la alimentación, el descanso, el ambiente familiar, el apoyo de sus padres, el recurso económico, impactaran de manera decisiva la experiencia del joven en el nivel universitario.

No es posible comparar el desempeño académico de un joven con una estabilidad económica y familiar en casa, que uno sin estabilidad de ningún tipo. Como todo ser humano se ocupa de su alimentación primero, de su seguridad y posteriormente de aprender, si no cuenta con apoyo que le resuelva la seguridad y la supervivencia, estará en constante estrés solo por sobrevivir y no aprovechara las clases y su vida universitaria, siendo para este estudiante múltiples veces más pesado que para el estudiante que si tiene esa estabilidad en casa y no debe preocuparse por alimento, casa, comida, dinero para gastar.

En el ámbito universitario, los estudiantes enfrentan diversas problemáticas, entre las que se destacan la disponibilidad de recursos económicos, los desafíos académicos, la falta de apoyo académico, y las limitaciones en infraestructura y recursos. La democratización del acceso a la educación superior se presenta como un desafío clave para reducir desigualdades y promover la justicia social. La salud mental también emerge como un aspecto crítico, con la presión académica, la competencia laboral y otros factores contribuyendo a problemas como la ansiedad y la depresión. Asimismo, las barreras en el acceso a la tecnología y los desafíos en la empleabilidad después de la graduación se presentan como obstáculos significativos.

El consumo de alcohol entre estudiantes universitarios se aborda como un fenómeno global con implicaciones en la salud, el rendimiento académico y el bienestar social. Se resalta la necesidad de comprender los factores de vulnerabilidad y adoptar estrategias preventivas. En resumen, la educación superior se enfrenta a una serie de desafíos complejos que van más allá de lo académico, abarcando aspectos económicos, de salud mental, y de acceso a recursos. Abordar estas problemáticas requiere enfoques integrales y políticas educativas inclusivas.

Conclusión de las Problemáticas de los Docentes.

En conclusión, el docente emerge como un actor central en el ámbito universitario, y su preparación integral se vuelve esencial dado el papel crucial que desempeña en la transmisión de conocimientos a los estudiantes. La labor del docente trasciende la mera impartición de clases, enfrentándose a diversos desafíos en el contexto de la educación universitaria, específicamente en instituciones públicas. Entre las problemáticas identificadas se encuentran la carga de trabajo elevada, la inestabilidad laboral, la burocracia, la falta de recursos y tecnología, la presión para producir investigaciones, las dificultades en la relación con los estudiantes y los desafíos para adaptarse a nuevos enfoques pedagógicos.

La carga laboral intensa, combinada con la inestabilidad y la burocracia, puede afectar la salud mental y el rendimiento de los docentes. La carencia de recursos y tecnología en instituciones públicas plantea obstáculos para ofrecer una enseñanza de calidad. La actualización académica se convierte en un reto, y la presión para realizar investigaciones puede generar tensiones. La diversidad de perfiles académicos y culturales, así como la gestión de grandes grupos de estudiantes, también se presentan como desafíos significativos. Por último, la adaptación a nuevos enfoques pedagógicos o tecnologías educativas puede encontrar resistencia entre algunos docentes.

En este contexto, se destaca la necesidad de abordar estas problemáticas de manera integral, considerando la importancia de la formación permanente del profesorado y el respaldo institucional necesario para enfrentar estos desafíos. La universidad, además, debe asumir una posición crítica frente al conocimiento y las tecnologías de la información y comunicación, promoviendo una transformación que responda a los cambios en la sociedad del conocimiento.

Referencias.

Alarcon, R. (2020). La Salud Mental de los estudiantes universitarios. *Revista Médica Herediana, 30*(4), 219-221. Obtenido de https://revistas.upch.edu.pe/index.php/RMH/article/view/3655

Amar Rodriguez, V. (2006). *Nuevas tecnologias y medios de comunicacion en la educacion.* Cádiz: Universidad de Cádiz.

Antunes, R., & Pochmann, M. (2008). La deconstruccion del trabajo y la explosion del desempleo estructural y de la pobreza en Brasil. En A. y. Cimadamore, *Produccion de Pobreza y desigualdad en América Latina* (págs. 191-204). Bogota: Siglo del Hombre Editores. Recuperado el

06 de dic de 2023, de http://bibliotecavirtual.clacso.org.ar/ar/libros/clacso/crop/cattani/cattani.pdf

Barrera, S. (2009). Evaluacion del perfil de egreso en programas de pedagogía, una experiencia piloto en la Universidad Católica Silva Henriquez (UCSH). *Foro Educacional, 16*, págs. 85-120. doi:https://doi.org/10.29344/07180772.16.621.

Bordieu, P., & Richardson, J. (1986). *The forms of Capital In Richardson J. Handbook of Theory and Research for the Sociology of Education.* New York: Greenwood Press.

Cevallos, C., & Rosales, F. (2019). Resultados del seguimiento a graduados. Evaluación cualitativa de la carrera de educación física, deportes y recreación, ULEAM, Manta, Ecuador. *Olimpia. Revista de la Facultad de Cultura Física de la Universidad de Granma, 16*(53), 117-190.

Chung, S. (07 de Octubre de 2019). El efecto de la polarizacion del mercado de trabajo sobre la inserción laboral de los estudiantes universitarios en la República de Corea. Repercusiones en el desempleo juvenil. *Revista Internacional del Trabajo, 138*(3), 545-571. doi:https://doi.org/10.1111/ilrs.12133

Cisneros-Blas, M., Ramírez-Sandoval, P., & Cisneros, Y. (2009). Prevalencia de enfermedades en trabajadores academicos de una Universidad Publica segun seguro de gastos medicos. *Salud de los trabajadores*, 121-131. Obtenido de https://ve.scielo.org/scielo.php?pid=S1315-01382009000200005&script=sci_arttext

Coraggio, J. (2001). La Crisis y las Universidades Publicas de Argentina. *Escenarios Alternativos. Revista de Analisis Politico.*(12).

Crum, R., Ensminger, M., Ro, M., & McCord, J. (1998). The association of educational achievement and school dropout with risk of alcoholism: A twenty-five year prospective study of inner-city children. *Journal of*

Studies on Alcohol and Drugs, 59(2), 318-326. doi:https://doi.org/10.15288/jsa.1998.59.318

Cuamba Osorio, N., & Zazueta Sanchez, N. (2020). Salud mental, habilidades de afrontamiento y rendimiento academico en estudiantes universitarios. Psicumex. doi:https://doi.org/10.36793/psicumex.v10i2.351

De la Hoz, F., Quejada, R., & Yánez, M. (2012). El desempleo juevenil: problema de efectos perpetuos. *Revista Latinoamericana de Ciencias Sociales, Niñez y Juventud*, 427-439. Obtenido de https://dialnet.unirioja.es/servlet/articulo?codigo=3942519

Donovan, J. (2004). Adolescent Alcohol Initiation: A review of Psychological Risk Factors. *Journal of Adolescent Health*, 529-538. doi:https://doi.org/10.1016/j.jadohealth.2004.02.003

Dubet, F., & Martuccelli, D. (1998). *En la escuela. Sociologia de la experiencia escolar.* Buenos Aires: Editorial Losada.

Faúndez, C., Bravo, A., Ramírez, G., & Astudillo, H. (2017). Tecnologías de la Información y la Comunicacoin (TIC) en el Proceso de Enseñanza-Aprendizaje de Conceptos de Termodinamica como Herramienta para Futuros Docentes. *Formacion Universitaria, 10*(4), 43-54. doi:http://dx.doi.org/10.4067/S0718-50062017000400005

Fernandez, J. (2013). Competencias docentes y educacion inclusiva. *Revista Electrónica de Investigación Educativa*, 82-99. Obtenido de http://www.scielo.org.mx/scielo.php?script=sci_arttext&pid=S1607-40412013000200006&lng=es&tlng=es

Filmus, D. (2001). *Cada vez más necesaria, cada vez más insuficiente: Escuela media y mercado de trabajo en épocas de globalización.* Buenos Aires: Santillana. Aula XXI.

Gallagher, R. (2014). National Survey of counseling center directors. *The International Association of Counseling*

Services, Inc. Monograph Series, 9. Obtenido de http://d-scholarship.pitt.edu/28178/1/sur-vey_2014.pdf

Garcia Amilburu, M. (2003). *Claves de la filosofia de la educacion.* Espana: Dikinson.

Garcia Aretio, L., & Ruiz Corbella, M. (2009). *Claves para la Educacion.* Madrid: Narcea SA de Ediciones Universidad Nacional de Educacion a Distancia.

Gil Garcia, M., & Piana, R. (2019). Procesos de Seleccion de personal en la administracion publica de la Provincia de Buenos Aires. *Documentos y Aportes en Administracion Pública y Gestión Estatal, 18*(31), 81-110. Obtenido de https://doi.org/10.14409/daapge.v18i31.8449

Gómez-Montes, J. (2005). Pautas y estrategias para entender y atender la diversidad en el aula. *Pulso*, 199-204. Obtenido de file:///C:/Users/HP/Downloads/Dialnet-PautasYEstrategiasParaEntenderYAtenderLaDiversidad-1370936.pdf

Hingson, R., Heeren, T., & Winter, M. (2006). *Age at Drinking Onset and Alcohol Dependence.* Boston: National Institute on Alcohol Abuse and Alcoholism. doi:doi:10.1001/archpedi.160.7.739

Imbernon, F. (1994). *La Formacion y el desarrollo profesional del profesorado.* Barcelona: Editorial Grao.

Izquierdo, C., & Loarte, W. (2015). Evaluación del desempeño del egresado de la carrera de Ingeniería Comercial de la U Maldonado, M. y Vidal, S. Evaluacion de Competencias profesionales en egresados de tecnología médica. (U. P. Salesiana, Ed.) *Revista Cubana de Educacion Médica Superior, 7*(1), 435-447.

Johnston, L., O'Malley, P., Bachman, J., & Schulenberg, J. (2007). *Monitoring the Future. National Survey results on drug use 1975-2004.* Bethesda: National Institute of Drug Abuse. Obtenido de https://deepblue.lib.umich.edu/bitstream/handle/2027.42/137792/vol1_2004.pdf?sequence=1

Khan, M., & Markauskaite, L. (2017). Approaches to ICT-enhaced teaching in technical and vocational education: a phenomenographic perspective, *Higher Education, 73*(5), 691-707. doi:https://doi.org/10.1007/s10734-016-9990-2

Kisilevsky, M., & Veleda, C. (2002). *Dos estudios sobre el acceso a la educacion superior Argentina.* Buenos Aires: IIPE-UNESCO.

Kisilevsky, M., Molino de Giordana, G., Coler, M., & Lini, L. (1997). "Universidades nacionales: evolución de los estudiantes 1986-1996". *La Universidad Boletin informativo de la SPU, 4*(9).

Lester, D. (2014). College student stressors, depression and suicidal ideation. *Phycho-logical Reports, 114*(1), 293-296. doi:http://doi.org/10.2466/12.02.PR0.114k10w7

Lipson, S., Gaddis, S., Heinze, J., Beck, K., & Eisenber, D. (2015). Variations in student mental health and treatment utilization across US colleges and universities. *Journal of American College Health, 63*(6), 388-396. doi:http://doi.org/10.1080/0744848.2015.1040411

Londoño, C., García, W., & Vinaccia, S. (2005). Expectativas frente al Consumo de Alcohol en jovenes universitarios colombianos. *Revista Anales de Psicología*, 259-267. Obtenido de https://revistas.um.es/analesps/article/view/26851

López-Frías, M., Fernández, M., Planells, E., Miranda, M., Mataix, J., & Llopis, J. (2001). Alcohol consumption and school efficiency in Spanish secondary school students. *Journal of Studies on Alcohol, 62*(6), 741-744. doi:https://doi.org/10.15288/jsa.2001.62.741

Maldonado, M., & Vidal, S. (2015). Evaluacion de competencias profesionales con egresados de tecnología médica. *Revista Cubana de Educacion Médica Superior, 29*(3), 435-447.

Marcelo, C. (1995). *Formación del Profesorado para el Cambio Educativo.* Barcelona: EUB.

Medina, A., Dominguez, M., & Gonçalves, F. (2001). Formación del profesorado universitario en las competencias docentes. Revista Historia de la educación. *Revista Historia de la Educacion latinoamericana, 17*, 119-138.

Mitchel, J., Hemer, K., & Finley, A. (2016). Perceptions of Campus Climates for Civic Learning as Predictors of College Students. Mental Health. *Journal of College and Character, 17*(1), 40-52. doi:http://doi.org/10.1080/2194587X.2015.1125367

Muñoz, C., Latrach, C., & Araya, M. (2010). Evaluación de competencia del nivel bachiller: "aseguramiento de la calidad en la formación de estudiantes de enfermería". *Ciencia y Enfermería, 16*(1), 77-84.

OCDE. (2003). *Los desafios de las Tecnologías de la Información y las Comunicaciones en la Educación.* Madrid: OCDE/CERI.

OIT-OMS. (2004). *Factores Psicosociales en el trabajo: naturaleza, incidencia y prevención.* Ginebra: Informe del Comité mixto OIT OMS.

Olivos, M., Voisin, S., & Fernández, J. (2015). Evaluación del perfil de egreso de profesores de francés de parte de los empleadores: propuestas de mejora y desarrollo. *Actualidades Investigativas en Educacion, 15*(1). Obtenido de https://revistas.ucr.ac.cr/index.php/aie/article/view/17590

Palacios, M., & Montes de Oca, V. (2017). Condiciones de trabajo y estres en academicos universitarios. *Ciencia y Trabajo, 19*(58), 49-53. doi:http://dx.doi.org/10.4067/S0718-24492017000100049

Pérez, A., & Scoppetta, O. (2008). *Consumo de Alcohol en menores de 18 años en Colombia: Un estudio con jóvenes escolarizados de 12 a 17 años. 7 en Capitales de Departamentos y 2 municipios pequeños.* Colombia: Corporacion Nuevos Rumbos.

PNSD. (2007). *Encuesta domiciliaria sobre alcohol y drogas en España (EDADES) 1995-2007.* PNSD. Recuperado el 01 de diciembre de 2023, de http://www.pnsd.msc.es/Categoria2/observa/pdf/Domiciliaria2007.pdf

Pozos, B., Preciado, M., Acosta, M., Aguilera, M., & Delgado, D. (2014). Academic Stress as a predictor of chronic stress in university students. *Psicologia Educativa, 20*(1), 47-52. doi:http://doi/10.1016/j.pse.2014.05.006

Reimers, F. (2003). Educación, desigualdad y opciones de política en América Latina en el siglo. *Revista Iberoamericana de educación., 23.*

Reinaldo, A., & Pillon, S. (2008). Alcohol effects on family relations: a case study. *Revista Latinoamericana Enfermagem,* 529-534. doi:https://doi.org/10.1590/S0104-11692008000700005

Restrepo, D., & Jaramillo, J. (2012). Concepciones de la salud mental en el campo de la salud pública. *Revista Facultad Nacional de Salud Pública, 30*(2), 202-211.

Ribes, M. (2017). Cuestiones críticas en los criterios de seleccion de trabajadores afectados por los despidos colectivos en el sector público. *Lan Harremanak - Revista de Relaciones Laborales, 1*(36), 191-215. doi:https://doi.org/10.1387/lan-harremanak.17932

Sánchez, D., León, S., & Barragán, C. (2016). Correlacion de Inteligencia emocional con bienestar psicologico y rendimiento academico en alumnos de licenciatura. *Investigacion en Educacion Medica, 4*(15), 126-132.

Sánchez, J. (2007). Integracion curricular de las TICs. Conceptos y modelos. *Revista Enfoques educacionales,* 51-65. Obtenido de http://csociales.uchile.cl/publicaciones/enfoques/07/Sanchez_IntegracionCurricularTICs.pdf

Stine, L. (2004). The best of both worlds: Teaching basic writers in class and online. *Journal of Basic Writing, 23*(2), 49-69.

Tinto, V. (2008). *Access without support is not opportunity. Inside Higher.* Obtenido de https://www.insidehighered.com/views/2008/06/09/access-without-support-not-opportunity

Tunnermann, C. (1996). *La Educacion Superior en América Latina y el Caribe: Diez años despues de la Conferencia Mundial de 1998.* IESALC Organizacion de las Naciones Unidas para la Educacion, la ciencia y la Cultura.

UNESCO. (1998). Declaración Mundial sobre la Educación Superior en el siglo XXI: Visión y Acción. *Conferencia Mundial sobre la Educación Superior en el siglo XXI: Visión y acción* (pág. 12). Paris: UNESCO.

Valerio, T., Jin, K., & Sexton, K. (2016). Association of stress, general health, and alcohol use with poor sleep quality among US college students. *American Journal of Health Education, 47*(1), 17-23.

Villa, A., & Poblete, A. (2007). *Aprendizaje basado en competencias. Una propuesta para la evaluación de las competencias genéricas.* (C. E.-U. Deusto, Ed.) Bilbao, España: Editorial Mensajero. doi:https://doi.org/10.15581/004.16.23342

Villarroel, V., & Bruna, D. (2019). ¿Evaluamos lo que realmente importa?. El desafío de la evaluación auténtica en educación superior. *Calidad en la Educacion, 50,* 492-509. Obtenido de https://www.calidadenlaeducacion.cl/index.php/rce/article/view/729

Wichstrom, L. (1998). Alcohol intoxication and school dropout. *Drug Alcohol Review, 17*(4), 413-421. doi:https://doi.org/10.1080/09595239800187251

Capítulo 3
Optimización de procesos en la Pymes.

Jannya Pancardo Pérez
Eugenia Graciela Villarreal Snyder

Optimización de procesos en la Pymes.

Resumen

La Simulación de Procesos con Promodel dentro de las PYMES, las cuales son parte importante del desarrollo económico de la sociedad, permite analizar su estado actual para poder conocer las áreas de oportunidad, además de realizar un análisis de los resultados, para que los encargados, puedan optimizar sus procesos. En este artículo se presentan 2 modelos de sistemas: el primero de un negocio que se dedica a la producción de pollo frito y el segundo de un autolavado, se siguió la metodología del estudio de Simulación con el objetivo de mejorar sus resultados, primero se obtuvieron datos de los negocios respectivamente para poderlos caracterizar, posteriormente se diseñaron los modelos para llevar a cabo su ejecución y así obtener resultados los cuales se analizaron para el establecimiento de propuestas de mejora. Y se pudo observar que mediante la aplicación de la Simulación de Procesos se pudo dar una propuesta a los sistemas que permite optimizarlos. En el caso de la elaboración de pollo frito, en el sistema original se tenia una producción de 545 piezas y en el sistema propuesto 1090 piezas, agregando una locación en el pesado y limpieza ya que estos procesos se encuentran después de la llegada y refrigerado. Para el modelo del sistema de un autolavado en el modelo original se obtuvo un total de 30 coches lavados con servicio normal en una jornada de trabajo de 8 horas, y mediante la propuesta de aumentar una locación en el área de remojado, enjabonado y lavado, se alcanzó un total de 42 coches.

Palabras clave: Optimización, Procesos, Promodel, Pymes, Simulación de Eventos Discretos.

Introducción

Existen ya varios estudios que se han realizado aplicando el software PROMODEL en las PYMES, como lo es la investigación propuesta por Huamán Vásquez, E. Y., & Vallejos Gallardo, F. G. (2023), donde se programó y realizó un diseño de un modelo de simulación, permitiendo a una carpintería contar con las herramientas necesarias de reportes de pronóstico de las cantidades producidas y tiempos de procesos de cada etapa en la producción de puertas de madera para optimizar la disponibilidad de materia prima, personal y equipos. De esta manera, la confiabilidad de los datos de producción de puertas de madera sería relevante para la carpintería y, a la vez, tomando en cuenta una mejora en el proceso de elaboración.

En su investigación Moreno Marcial, P. E., & Santos Méndez, M. M. (2022), mencionan que las pequeñas y medianas empresas del sector textil en América Latina y en Ecuador representan un gran porcentaje de las unidades productivas, sin embargo, su participación en el producto interno bruto (PIB) sigue siendo muy baja. Ante esta realidad la estrategia para el sector textil es aumentar su efectividad y eficiencia. El propósito fundamental de su investigación fue compendiar las generalidades relacionadas con la optimización de procesos de producción en medianas empresas del sector textil. La investigación fue realizada bajo una metodología de tipo documental bibliográfica, bajo la modalidad de revisión. Encontraron que existe una amplia gama de métodos y estrategias para la optimización de los procesos de producción aplicables a medianas empresas del sector textil. Entre las técnicas tecnológicas se encuentra la Simulación de Eventos Discretos (SED), que es una herramienta de investigación de operaciones con uso en este tipo de empresas de manufactura. Mediante la búsqueda de antecedentes y la aplicación práctica de la Simulación de Procesos dentro de la PYMES, se observó que ya ha sido aplicada y además se comprobó que trae beneficios para este tipo de negocios, por ello la importancia de la realización de la presente investigación para poder dar a conocer herramientas que pueden ser utilizadas por pequeñas y medianas empresas, propiciando el mejoramiento en sus procesos, los cuales son importantes que sean analizados en su estado actual, es decir como se están llevando a cabo todas las actividades e identificar las áreas de oportunidad, para proponer mejoras a los encargados de tomar las decisiones.

El objetivo de la presente investigación fue aplicar la Simulación de Procesos en negocios considerados como PYMES y demostrar que con ella se puede optimizar los procesos, estas tienen diferentes oportunidades a comparación de las grandes empresas, y en ocasiones es una limitante para el mejoramiento de sus actividades.

Fundamentación Teórica

Simulación de Eventos Discretos

Según Rosales Acosta, R. R., & Bautista Sena, S. A., (2019), la simulación de eventos discretos es de gran utilidad para la resolución de problemas consistentes en simulaciones de colas o redes complejas con colas, en las que es importante una clara definición de los procesos dentro de estas, con énfasis en representar incertidumbre a partir de distribuciones.

En su trabajo de investigación Rosales Acosta, R. R., & Bautista Sena, S. A. (2019) mencionan que la simulación es una técnica computacional que permite representar sistemas en forma dinámica y estocástica. Es decir que el comportamiento variable del sistema en el tiempo (dinámica) es considerado en el análisis al igual que los posibles eventos aleatorios que pueden ocurrir (estocástica) en el desarrollo de la simulación.

Dentro de las organizaciones las aplicaciones de la simulación de eventos discretos permiten aumentar su productividad, reduciendo la incertidumbre de procesos productivos, administrativos, financieros, entre otros. Permitiendo evaluar diversas propuestas para la toma de decisiones que conlleve a la optimización del sistema. La simulación es una herramienta computacional que permite modelar sistemas de colas o líneas de espera cuando un conjunto de entidades demanda un servicio que excede la capacidad para prestarlo en el momento que se necesite, según Pérez- García, E. M. et. al., 2021.

Heredia, I. et. al., (2022) menciona en su investigación que la simulación de eventos discretos (DES) es una herramienta de análisis que permite evaluar el impacto de cambios en un sistema productivo sin que sea necesario modificar el sistema real. Es una herramienta de análisis ampliamente aplicada en el ambiente empresarial, es un gran apoyo para dar soporte a la toma de decisiones relacionadas con la planeación de la producción e inventarios, así como con el diseño de los sistemas de producción y sus cadenas de suministro.

PYMES

Es importante que las empresas pequeñas y medianas incluyan dentro de sus herramientas básicas una que sea útil para la toma de decisiones, que no represente una inversión significativa, y que permita desarrollar experimentos en el proceso de una organización, según Peña Ariza, Lina Vanessa, & Felizzola Jimenez, Heriberto Alexander. (2020).

Según Baltodano-García, G., & Leyva Cordero, O. (2020), antes de la crisis económica de los años setenta, con la llegada de la globalización, las PYMES obtuvieron un valor que las separaba de las grandes empresas, resaltaron en su importancia por su alta capacidad de generación de empleos, su latente potencial de adaptarse a nuevos entornos y su aportación a la estabilidad socioeconómica global. Desde entonces, las Pymes representan una valiosa estrategia para dinamizar las economías y garantizar el desarrollo sostenible de los países.

Los cambios tecnológicos en los últimos años han dejado una modificación en los procesos en el manejo de la información y la forma de hacer negocios. Para las empresas, eso significa dar respuesta a nuevas formas de operación. En el ámbito empresarial se observa que la Pequeña y Mediana Empresa (PyME), tanto en países de la Unión Europea como de América Latina y el Caribe, representan aproximadamente el 99% del total de empresas y generan alrededor del 67% del empleo, según López Mejía, M. R., et. al., (2020).

González et. al., (2020), plantearon que las pymes tienen características particulares que las hace diferentes de las grandes empresas y mencionaron que un modelo que les permita identificar, potenciar y desarrollar sus capacidades digitales puede ayudarlas a avanzar en la madurez digital. Realizaron una revisión profunda de la literatura existente sobre transformación digital y competencia organizativa, además entrevistaron a seis expertos; tres de ellos académicos y los otros tres profesionales con responsabilidades de gestión en las pymes, desarrollaron un modelo de competencia organizativa para la transformación digital que permite a las pymes identificar y desarrollar las capacidades digitales necesarias para avanzar en la transformación digital.

Materiales y métodos

El análisis de los procesos se llevó a cabo dentro de un negocio de pollo frito y de un autolavado, mediante la metodología de un estudio de Simulación de eventos discretos, la cual se puede observar en la figura 1:

Fig. 1 Peña Ariza, Lina Vanessa, & Felizzola Jimenez, Heriberto Alexander. (2020). Optimización de la capacidad de producción en una empresa de alimentos usando simulación de eventos discretos.

Caracterización del Sistema o Proceso

Según Sánchez-Sánchez, P. et. al., 2018, dentro de la etapa de caracterización del sistema se deben establecer los objetivos que se quieren alcanzar mediante el modelo de simulación y los elementos que lo conforman, identificación de variables y atributos. Es importante una definición clara y precisa de los objetivos y del problema, ya que esto facilita el planteamiento de alternativas útiles. Identificar acertadamente las variables y sus atributos va a permitir evaluar de forma correcta la eficacia y eficiencia del sistema bajo diferentes escenarios, y facilitará el manejo estadístico de los datos. Por último, las relaciones con otras variables beneficiarán la identificación de las reglas del sistema y los flujos de recursos a través de él.

Análisis de entrada

La recolección y análisis de datos, brinda datos de entrada para la simulación, expresados en: porcentajes, números exactos o distribuciones de probabilidad asociadas, tales como aquellas relativas al estudio de tiempos, según Martínez Vera H. T. y Duarte Forero E. L., (2021).

Herrera & Becerra, (2014) mencionan que en la recolección de datos, se limita la longitud de la corrida, las fuentes de información y condiciones generales para recolectar los datos y poder proceder con el análisis de estos, que es donde se estudiarán frente a las variables definidas previamente, con el fin de establecer su comportamiento estadístico y que el modelo de simulación emule la realidad lo más apegado posible a los indicadores iniciales. Recomendaron realizar los siguientes tratamientos a los datos: pruebas de independencia, homogeneidad, bondad de ajuste y análisis de regresión.

Desarrollo del Modelo de Simulación

La construcción del modelo computarizado debe ser el reflejo del sistema original real utilizando el software de simulación elegido por el investigador. Entre los elementos que dan lugar a su construcción se incluyen la programación de locaciones, entidades, llegadas de materias primas, rutas y procesos (Cantú, Guardado, & Balderas, 2016).

Herrera & Becerra, (2014) indicaron que en esta etapa se construye el modelo empleando la sintaxis específica del software a utilizar, teniendo en cuenta la lógica secuencial del proceso real.

Validación

En esta etapa Herrera & Becerra, (2014) mencionan que se busca cotejar si el modelo es una representación tal cual del sistema real, corroborándolo por medio de opiniones de expertos del proceso, expertos en simulación, evaluación estadística (intervalos de confianza), test de validación (las corridas deberán presentar resultados similares a los reales) para que el investigador pueda proceder con la experimentación, que es donde plantea los diversos escenarios para presentar los mejores resultados de acuerdo a los objetivos planteados inicialmente.

En su estudio Zarza-Díaz, R. (2023), indica que la validación se da cuando el modelo esta calibrado, hasta que se considere el apego a la realidad como aceptable. El objetivo principal de la metodología de la modelización es que un modelo debe ser una representación adecuada del sistema que se estudia, para poder responder de manera fiable a las preguntas formuladas sobre el sistema, especialmente cuando el objeto del estudio del sistema a través del modelo es la toma de decisiones sobre alternativas al diseño, cambio o reestructura. Este es uno de los problemas más difíciles a los que se presenta el practicante de simulación, en otras palabras, validar un modelo de simulación.

Propuesta y Simulación de escenarios

La prueba o evaluación del modelo se encarga de examinar si existen algunos tipos de errores o inexactitudes en el modelo, poniéndolo a prueba con datos o en situaciones conocidas y observando cómo es su comportamiento. Los escenarios propuestos deben surgir a partir de una lluvia de ideas de las posibles soluciones para el problema bajo estudio. Las más prometedoras se implementan en el modelo validado y se corren de acuerdo con el número de réplicas establecido según Zarza-Díaz, R. (2023)

En esta etapa se presenta una exposición de los principales resultados, así como su interpretación puntual, evidenciando el comportamiento del sistema con los experimentos realizados, los aportes que fueron hechos en el transcurrir del proceso de simulación, acciones tomadas a partir de las mismas y resultados de las que fueron implementadas según Herrera & Becerra, (2014).

En esta etapa se presenta una exposición de los principales resultados, así como su interpretación puntual, evidenciando el comportamiento del sistema con los experimentos realizados, los aportes que fueron hechos en el transcurrir del proceso de simulación, acciones tomadas a partir de las mismas y resultados de las que fueron implementadas según Herrera & Becerra, (2014).

Resultados y discusión

Siguiendo la metodología para el Estudio de Simulación, para el sistema de elaboración de pollo frito se obtuvo lo siguiente:

Caracterización del Sistema o Proceso

La cocina del negocio de pollo frito se divide en 3 áreas: marinado, cocinado y preparación del pedido para su entrega a los clientes.

El proceso previo a la producción, relacionado al manejo de insumos (usualmente realizado en horas de la mañana, a partir de las 8 a.m.) es el siguiente:

Primero: recepción del producto, pesado y su almacenamiento en sistemas de refrigeración durante 15 minutos.
Segundo: el marinado del pollo y derivados ya cortados. Esto básico para todos, incluye el empaquetado de 3 a 4 horas.

Tercero: La cocción del pollo de manera exacta, dando el punto entre jugoso en su interior y crujiente su exterior.

Proceso de elaboración de pollo frito.

El proceso de elaboración del pollo frito se muestra a continuación de forma detallada, se puede observar también en la Fig.2:

Etapa 1. La etapa uno consiste en la descarga del producto, esto tarda 1 minuto por tara, la cual contiene 180 pollos.

Etapa 2. El pesado de las piezas de pollo es de manera unitaria con la ayuda de una báscula, el tiempo que tarda una pieza es de 20 segundos.

Etapa 3. El producto es almacenado en un refrigerador para su conservación, el tiempo en acomodar es de 3 minutos.

Etapa 4. El pollo es limpiado y retirado sus excesos de grasa, esto demora 2 minutos.

Etapa 5. El pollo es marinado es una mezcla de especias para su sazón durante 15 minutos.

Etapa 6. Posterior al marinado el pollo se empaniza siguiendo un proceso, este proceso dura 20 segundos.

Etapa 7. El pollo empanizado es puesto en la freidora, para tomar su consistencia crujiente, este proceso dura 16 minutos.

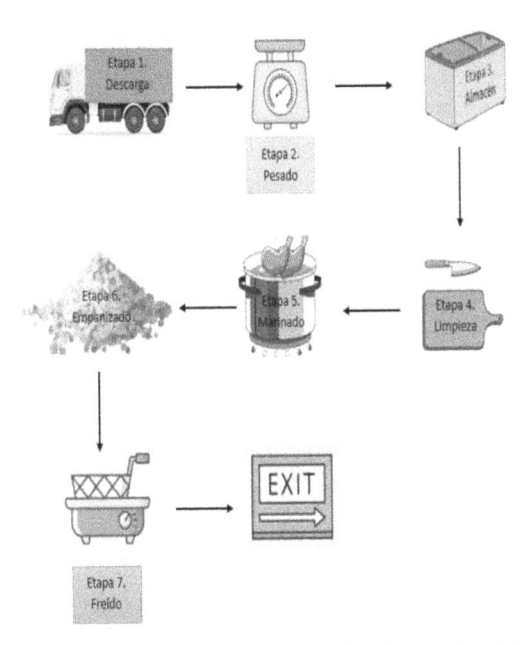

Fig. 2 Proceso de elaboración del pollo frito.

Análisis de Entrada.

Se establece el tiempo entre las llegadas en cada proceso, obteniendo el siguiente resultado:

Proceso	Tiempo entre llegadas	Tiempo del proceso (min)
1	1	1
2	1	1
3	2	10
4	2	5
5	1	15
6	3	4
7	2	16

Fig. 3 Tiempos entre llegadas y duración de cada proceso dentro del sistema de elaboración de pollos fritos.

Desarrollo del Modelo de Simulación

En el desarrollo del Modelo de Simulación se estableció la capacidad para operar de cada locación donde se llevarán a cabo cada uno de los procesos que integran el sistema de elaboración de pollo frito (Fig.4). A continuación, se puede observar:

Etapa 1. Descarga del producto con una capacidad infinita.

Etapa 2. Pesado del producto con una capacidad 5 piezas a la vez.

Etapa 3. Refrigerado del producto con una capacidad de 4500 pollos a la vez.

Etapa 4. Limpieza del producto con una capacidad de limpieza de 5 piezas.

Etapa 5. Marinado del producto con una capacidad de 120 piezas.

Etapa 6. Empanizado del producto con una capacidad de 20 piezas a la vez.

Etapa 7. Freído del producto con una capacidad de 40 piezas a la vez.

Fig. 4 Diseño del sistema de elaboración de pollo frito.

Validación

En la Tabla 1. Podemos observar el resultado obtenido con el sistema original de la elaboración de pollo frito, simulado por un periodo de 2 días. Dando como resultado la elaboración de 545 piezas de pollo frito.

Tabla 1. Resultados de la Simulación del modelo original.

Nombre	Total de salidas	Tiempo en el sistema	Tiempo promedio en el sistema	Tiempo promedio en mov. (min)	Tiempo promedio en espera (min)	Tiempo promedio en operación (min)	Tiempo promedio bloq. (min)
pollo	545	3955	327	0	0	57	270

Propuesta y Simulación de escenarios

Se planteó una propuesta para mejorar la cantidad de piezas producidas durante 2 días, que consistió en aumentar una locación de pesado y una de limpieza ya que en estas áreas es donde se concentra el mayor trabajo ya que es la llegada de las piezas de pollo, se refrigeran y posteriormente se limpian. Y se obtuvo lo siguiente:

Tabla 2. Resultados de la Simulación del modelo propuesto.

Nombre	Total de salidas	Tiempo en el sistema	Tiempo promedio en el sistema	Tiempo promedio en mov. (min)	Tiempo promedio en espera (min)	Tiempo promedio en operación (min)	Tiempo promedio bloq. (min)
pollo	1090	3410	327	0	0	57	270

Sistema 2: Autolavado

Caracterización del Sistema o Proceso

En el siguiente Diagrama de flujo se puede observar la caracterización del sistema de un Autolavado:

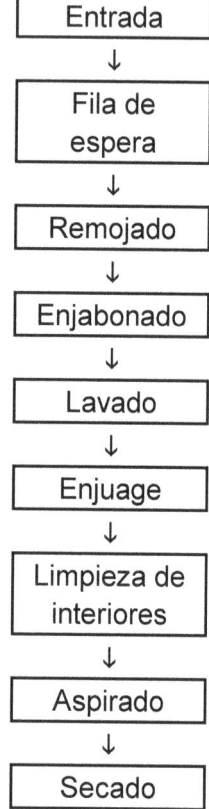

```
         Entrada
            ↓
         Fila de
         espera
            ↓
        Remojado
            ↓
       Enjabonado
            ↓
         Lavado
            ↓
         Enjuage
            ↓
       Limpieza de
        interiores
            ↓
         Aspirado
            ↓
         Secado
```

Fig. 5 Diagrama de flujo de las actividades realizadas dentro del servicio de un Autolavado.

Análisis de entrada

Para el autolavado, primero se tiene la fila de espera de llegada en lo que entran al túnel, después en la espera para pasar al lavado manual, en este caso el proceso que se seleccionó es un servicio normal que después del aspirado y secado se le da salida al coche.

Datos de las muestras

Se tomó una muestra de 30 coches para determinar el tiempo que tardan en el sistema desde la entrada hasta la entrega.

Tabla 3. Tiempos en minutos de la permanencia de los coches en el sistema

66	58	59
58	61	67
77	67	57
56	59	59
41	57	63
62	53	51
59	59	56
55	66	71
77	54	58
65	58	63

Tiempos por estaciones

Se obtuvieron los tiempos que tardaban los 30 coches que se tomaron como muestra en cada una de las estaciones. Los cuales se muestran a continuación.

Tabla 4. Remojado

3	3	3
3	3	3
3	3	3
3	3	3
3	3	3
3	3	3
3	3	3
3	3	3
3	3	3
3	3	3

Tabla 5. Enjabonado

10	8	9
8	9	12
12	10	13
10	9	10
6	8	8
9	10	9
9	10	12
8	10	6
12	12	8
10	8	8

Tabla 6. Lavado

17	15	14
15	15	18
19	17	15
12	14	13

6	10	14
16	11	14
14	13	11
13	14	9
19	16	15
12	15	10

Tabla 7. Enjuague

7	8	9
8	7	10
10	10	8
7	9	10
6	8	7
7	11	7
9	10	6
8	9	9
10	7	8
8	8	9

Tabla 8. Limpieza de interiores

13	10	10
10	12	11
12	11	13
11	10	9
7	13	12
12	10	10
10	9	9
10	8	9
12	9	10
11	10	7

Tabla 9. Aspirado

10	9	8
9	8	8
12	10	9
6	8	7
8	9	9
9	11	7
8	7	10
8	10	11
12	8	9
6	9	8

Tabla 10. Secado

6	5	6
5	9	7
9	7	9
7	6	7
5	8	5
6	7	7
6	7	6
5	5	7
9	9	5
7	5	8

Desarrollo del Modelo

Se definieron las locaciones necesarias para conformar el modelo del sistema de un Autolavado.

Fig.6 Construcción del modelo de simulación

Validación

En la Tabla 11., se pueden observar los resultados del modelo original de la simulación del autolavado. Tenemos un total de salidas de 30 coches que pasaron por todo el proceso, durante una jornada laborar de 8 horas.

Tabla 11. Resultados de la Simulación del modelo original.

Nombre	Total de salidas	Tiempo en el sistema	Tiempo promedio en el sistema (min)	Tiempo promedio en mov. (min)	Tiempo promedio en espera (min)	Tiempo promedio en operación (min)	Tiempo promedio bloq. (min)
Coche	30	66	190	0	103	60	28

Enseguida se muestran los resultados obtenidos de cada una de las locaciones del modelo del autolavado.

Tabla 12. Resultados de los porcentajes de utilización de las locaciones del modelo original.

Nombre	Tiempo programado	Capacidad de la locación	Total de entidades que entraron a la locación	Tiempo prom. de permanencia en la locación	Contenido prom.	Contenido max.	Entidades en la locación.	% de utilización
Fila de espera	8	999999	96	145.56	29.11	60.00	60.00	0.00
Remojado	8	1	36	13.13	0.99	1.00	1.00	98.50
Enjabonado	8	1	35	13.48	0.98	1.00	1.00	98.30
Lavado	8	1	34	13.61	0.96	1.00	1.00	96.42
Enjuague	8	1	33	7.78	0.54	1.00	1.00	53.50
Limpieza de int.	8	1	32	9.90	0.66	1.00	1.00	66.00
Aspirado	8	1	31	9.00	0.58	1.00	0.00	58.13
Secado	8	1	31	6.83	0.44	1.00	1.00	44.13

Propuesta y Simulación de escenarios

Se realizó un análisis de posibles alternativas para mejorar la cantidad de coches que se lavan diariamente con el servicio normal, la cual consistió en agregar una locación más en el área de: remojado, enjabonado y lavado, teniendo como resultado un total de 42 coches (Tabla 12.).

Tabla 13. Resultados de la Simulación con el modelo propuesto.

Nombre	Total de salidas	Tiempo en el sistema	Tiempo promedio en el sistema (min)	Tiempo promedio en mov. (min)	Tiempo promedio en espera (min)	Tiempo promedio en operación (min)	Tiempo promedio bloq. (min)
Coche	42	54	163	0	63	60	40

Conclusiones

Con la aplicación de la Simulación en las PYMES, se puede observar que es una alternativa para que estas optimicen sus procesos, tal como lo vimos en el sistema de elaboración de pollo frito y autolavado, siguiendo la metodología que consiste primero en la caracterización del sistema, análisis de datos, desarrollo del modelo de simulación y por último propuestas de mejora. Permitió primero analizar el sistema actual para identificar aquellas áreas de oportunidad en cada actividad que conforma el proceso, para que después se propusieran algunas alternativas de mejora. Cabe mencionar que estas alternativas de mejora una vez propuestas, es importante que se analice de forma económica, para saber que tan factible es el hecho de aumentar la capacidad en cada área donde se llevan los procesos, siguiendo las propuestas planteadas.

Referencias

Baltodano-García, G., & Leyva Cordero, O. (2020). La productividad laboral: Una mirada a las necesidades de las Pymes en México. *Revista Ciencia Jurídica Y Política, 6*(11), 15–30. https://doi.org/10.5377/rcijupo.v6i11.11228

Cantú, J., Guardado, M., & Balderas, J. (2016). Simulación de procesos, una perspectiva en pro del desempeño operacional. Revista Iberoamericana de Producción Académica y Gestión Educativa (4), 1-21.

González, J., López, A., Poza D. & Acebes, F. (2020). Building and Development of an Organizational Competence for Digital Transformation in SMEs. Journal of Industrial Engineering and Management. 14(1), 15-24. https://doi.org/10.3926/jiem.3279

Herrera, O. J., & Becerra, L. A. (2014). Diseño General de las Etapas de Simulación de Procesos con Énfasis en el Análisis de Entrada. In *12th Latin American and Caribbean Conference for Engineering and Technology* (Vol. 10).

Huamán Vásquez, E. Y., & Vallejos Gallardo, F. G. (2023). DESARROLLO DE SIMULACIÓN DE SISTEMAS CON PROMODEL PARA MEJORAR LA PROGRAMACIÓN DE LA PRODUCCIÓN DE PUERTAS DE MADERA DE LA CARPINTERÍA CHUQUIMANGO EN EL AÑO 2022.

López Mejía, M. R., Gómez Martínez, A., & Sánchez Meléndez, M. D. (2020). GESTIÓN DE LAS PYME EN MÉXICO. ANTE LOS NUEVOS ESCENARIOS DE NEGOCIOS Y LA TEORÍA DE LA AGENCIA. *Estudios de administración, 27*(1).

Martínez Vera H. T. y Duarte Forero E. L., «Análisis del flujo de pacientes utilizando la simulación discreta en una unidad de quimioterapia de una organización sin ánimo de lucro», *I*, vol. 15, n.º 29, pp. 23–36, feb. 2021.

Moreno Marcial, P. E., & Santos Méndez, M. M. (2022). Optimización de procesos de producción en medianas empresas del sector textil. *RECIAMUC*, 6(1), 226-234. https://doi.org/10.26820/reciamuc/6.(1). enero.2022.226-234

Peña Ariza, Lina Vanessa, & Felizzola Jimenez, Heriberto Alexander. (2020). Optimización de la capacidad de producción en una empresa de alimentos usando simulación de eventos discretos. *Ingeniare. Revista chilena de ingeniería*, 28(2), 277-292. https://dx.doi.org/10.4067/S0718-33052020000200277

Pérez-García, E. M., Sánchez-Escobar, R., & Lara-Hernández, O. Optimización del sistema de atención a clientes de una crepería, mediante la simulación discreta. 2021.

Rosales Acosta, R. R., & Bautista Sena, S. A. Simulación de eventos discretos para reducir el tiempo de espera en el área de consulta externa, Hospital Eleazar Guzmán Barrón-Chimbote 2019.

Samaniego, H. (2017). *Desarrollo de un modelo de Gestión Empresarial para potencializar el crecimiento de la pequeña y mediana empresa (PYMES) en la región centro norte de Quito, Ecuador.* [Tesis de doctorado sin publicar]. Universidad Internacional Iberoamericana. México.

Sánchez-Sánchez, P., García-González, J. R., Toro, C. F., Pulido-Rojano, A., & Melamed-Varela, E. (2018). Simulación de sistemas de emergencia en salud. *Ediciones Universidad Simón B*

Capítulo 4
Innovación de productos a base de plantas medicinales de San José del Llano, Maquihuana, Tamaulipas para promover el autoconsumo y desarrollo local.

María Cruz Juárez Aragón
Blanca Leticia Diaz Mariño
Avecita Gatica Gómez
Eduardo Arvizu Sánchez

Innovación de productos a base de plantas medicinales de San José del Llano, Miquihuana, Tamaulipas para promover el autoconsumo y el desarrollo local.

Resumen

El estado de Tamaulipas, situado en el noreste de México, se caracteriza por su diversidad biogeográfica debido a la convergencia de las regiones Neártica y Neotropical. Esta diversidad se refleja en la variedad de hábitats que existen, desde montañas hasta zonas áridas. El Altiplano Tamaulipeco, una de las seis regiones del estado, se distingue por su clima semiárido y la presencia del matorral xerófilo, un ecosistema que alberga plantas medicinales con propiedades únicas debido a su adaptación a condiciones extremas. San José del Llano, una comunidad marginada en el municipio de Miquihuana, se enfrenta a desafíos económicos y sociales que han limitado su desarrollo. A pesar de su relativa cercanía a desarrollos urbanizados del estado de Nuevo León, la región presenta rezago económico, lo que ha llevado a altos índices de migración y vulnerabilidad social. En este contexto en el presente estudio se identifican las plantas autóctonas de San José del Llano con atributos medicinales y se expone una propuesta de productos innovadores orientada a promover el autoconsumo y el desarrollo de la economía local. Para alcanzar los propósitos de la investigación se abordó la teoría del desarrollo local con una perspectiva de innovación local. El método fue de enfoque cualitativo, bajo la estrategia de estudio de caso, considerando fuentes documentales y entrevistas con la población local. Los resultados muestran diferentes alternativas para la elaboración de productos innovadores a base de plantas medicinales que traerán la oportunidad de promover el autoconsumo y mejorar la economía de los habitantes de San José del Llano, Miquihuana, Tamaulipas.

Palabras clave: Innovación local, plantas medicinales, desarrollo sostenible.

Introducción

El estado de Tamaulipas, ubicado en el noreste de México, abarca una superficie aproximada de 80,252 km² y está dividido en 43 municipios. Geográficamente, Tamaulipas se encuentra en la transición de dos importantes regiones biogeográficas: la Neártica y la Neotropical. Estas regiones convergen en parte de la Faja Volcánica Transmexicana y la Sierra Madre Oriental (Morrone, 2019). La interacción entre las dos regiones ha dado lugar a un gradiente ecológico que marca la transición entre distintos ambientes, generando una zona de transición biodiversa y compleja. Este fenómeno ha formado una variedad de hábitats y paisajes, desde zonas montañosas hasta regiones áridas, lo que ha enriquecido la diversidad biológica y cultural del estado (Toledo, 1982; Hernández et al., 2005; Treviño-Carreón, 2012; Lucio & Martinez, 2023).

Una de las fortalezas de Tamaulipas reside en la agricultura, la producción forestal, ganadería y pesca. La agricultura es el subsector rural más importante, tiene la mayor producción nacional de sorgo, soya y sábila. En la producción de cítricos ocupó los primeros lugares junto con Veracruz y Nuevo León. El aprovechamiento de recursos forestales, en su conjunto, produjo más de 168 millones de pesos en 2015.

En el sector ganadero, destaca que en el 2016 la producción de becerros en pie para exportación. Sin embargo de acuerdo a datos de la Secretaría de Agricultura y Desarrollo Rural (2019) aproximadamente el 60% del territorio nacional se considera dentro de las zonas áridas y semiáridas, que además presentan los efectos de la desertificación derivado de una sobreexplotación de acuíferos, deforestación, sobrepastoreo y erosión del suelo, que tiene por consecuencia baja producción agropecuaria y donde más del 58 % de la población mexicana reside en zonas áridas (Comisión Nacional de Zonas Áridas, 2019).

Justificación

El Altiplano Tamaulipeco, conformado por los municipios de Jaumave, Palmillas, Bustamante, Tula y Miquihuana, se caracterizan por su clima semiárido y suelos pobres lo que presenta grandes desafíos para la producción agrícola y la cría de animales. Estas condiciones que afectan el cultivo agrícola de forma directa, recaen sobre los habitantes quienes son los más afectados en cuanto la seguridad alimentaria por la limitación de fuentes de sustento (Omoyo et al., 2015).

Aunado a ello se presentan las afectaciones derivadas del cambio climático donde la poca disponibilidad del recurso hídrico, la desaparición de especies vegetales y animales que alteran los ecosistemas, desencadena drásticas consecuencias para los habitantes de las comunidades, siendo determinantes en el desarrollo de las comunidades por las afectaciones sociales como el aumento de la pobreza, el estrés social, el deterioro de la salud y el bienestar de las comunidades (Omayo et al., 2015).

Estas características adversas van dando origen a fenómenos como la migración climática o desplazamiento forzado, pues la migración ante la carencia de un recurso vital que amenaza la salud y la seguridad alimentaria de las personas "...no es una elección libre, sino una acción de supervivencia que se impone a muchas personas que de otro modo no abandonarían sus comunidades locales, sus familias y sus hogares". (Jönsson, 2019).

En México, la migración es un tema de suma importancia, por los flujos de población hacia el exterior del país y los cambios que los movimientos migratorios internos tienen en los diferentes ámbitos geográficos (INEGI 2020). De acuerdo con las estimaciones expuestas en el cuestionario ampliado del Censo de Población y Vivienda 2020, en las causas de la emigración a Estados Unidos a nivel nacional, predominan la búsqueda de trabajo y la reunificación familiar, le siguen en importancia motivos de estudio y de unión conyugal y se ubican al final las causas por inseguridad y violencia.

En el caso de la migración México-Estados Unidos, resaltan más los aspectos económicos que se traducen en el envío de remesas, dejando a un lado las afectaciones a las comunidades, en la vida cotidiana de las personas, su estructura familiar, su cultura y más recientemente los impactos ante la transferencia de capacidades intelectuales y productivas de los migrantes que son principalmente jóvenes con algún grado de educación superior, ya sea de licenciatura o posgrado. De acuerdo con la Consejo Nacional de Población (2022) esta población representó 8.8 por ciento en 2010 (1.03 millones de personas) y 13.4 por ciento en 2021 (1.60 millones de personas), presentándose más del 50 por ciento de incremento durante la pasada década.

En este marco, el Altiplano Tamaulipeco es reconocido como la zona más marginada del estado con cambios ambientales atípicos, impactando fuertemente en una marcada presión económica, generando rezago y desplazamiento social en la región, viéndose limitado el mejoramiento de la calidad de vida de sus habitantes (Fernández & Jardines, 2017).

En las condiciones áridas y semiáridas del Altiplano Tamaulipeco, emerge un ecosistema distintivo conocido como matorral xerófilo. Este tipo de vegetación ha evolucionado para adaptarse a las condiciones extremas ambientales, desarrollando estrategias de supervivencia únicas que, a su vez, les confieren a las plantas propiedades medicinales únicas, dándole valor a las comunidades locales que las tienen y cuentan con el conocimiento para usarlas. En esta región, muchas de las especies vegetales del matorral han sido utilizadas tradicionalmente en la medicina regional y son parte integral de la cultura y la vida cotidiana de sus habitantes (Treviño-Carreón et al., 2012; Magallán-Hernández et al., 2023).

El presente estudio resulto ser factible y de trascendencia, puesto que el desarrollo sustentable de las áreas rurales representa para México nuevos y grandes retos, como también un gran potencial y oportunidades sin precedentes, pues los territorios rurales reúnen algo más del 90% de las tierras del país, donde se concentra su base de recursos naturales. La actividad principal de las comunidades rurales es la agricultura; los habitantes se ocupan de la cría de animales, de las cosechas, la transformación y comercialización de alimentos y otros productos y servicios derivados de la agricultura, esto en el mejor de los casos, sin embargo, ¿qué alternativas tienen las comunidades rurales cuando se ven afectadas por las condiciones climatológicas, pobreza de suelos, poca o nula disponibilidad de agua y con una población envejecida derivada de desplazamientos forzados de jóvenes adultos, con un elevado número de población no económicamente activa?. En esta realidad, el marco de la Agenda 2030 y de los objetivos de desarrollo sostenible (ODS) la investigación fue fundamentada desde un eje rector del desarrollo sostenible y de la innovación local para converger en una alternativa para beneficiar las condiciones sociales y económicas de los habitantes de la comunidad.

El estudio tuvo como objetivo ofrecer una propuesta de productos innovadores orientada a promover el autoconsumo y el desarrollo de la economía local. Para ello fue necesario en primer lugar; identificar las plantas autóctonas de San José del Llano con atributos medicinales, explorar acerca del conocimiento que tienen los habitantes sobre los recursos naturales de su comunidad y analizar la disponibilidad de la población para integrarse a una propuesta que expone una visión innovadora de productos a base de plantas medicinales con impacto en el bienestar y desarrollo de la comunidad de San José del Llano, Tamaulipas.

Fundamentación Teórica

En el contexto global y desde la perspectiva de la economía del conocimiento, las capacidades de innovación y aprendizaje son las principales fuentes de incrementos en la productividad, competitividad y crecimiento, que se gestan y detonan en un territorio, donde el mecanismo que hace posible captar el derrame de conocimiento es denominado "emprendimiento", planteado también como acción emprendedora por su intervención al recuperar la conexión entre el nuevo conocimiento, la innovación y el crecimiento económico (Sánchez et al., 2017).

Diversos autores han reconocido la importancia del territorio, identificado como el espacio ocupado por actores públicos y privados que interactúan generando una sinergia (Boisier, 2011) donde se da la creación y conversión de sus productos, promoción y comercialización, creando un entorno en el que los procesos de transformación y desarrollo de las economías toman forma (Medina-Bueno et al., 2020).

En este sentido el desarrollo es un proceso dependiente de la historia y del territorio, que genera las condiciones del entorno, es un proceso de cambio social, deliberado que tiene como finalidad la igualdad de oportunidades sociales, políticas y económicas, en los planos nacional y en relación con sociedades que tienen patrones más elevados de bienestar material (Boisier, 2011). Siguiendo la revisión de literatura que realizan (Sánchez, et.al., 2017) se destaca que "el proceso de aprendizaje y el conocimiento generado son factores con atributos locales, de arraigo o adherencia (stickiness) al territorio ..." y contribuyen como las empresas a la construcción de capacidades de innovación y de aprendizaje.

En México, la información disponible sobre innovación en unidades rurales y locales es limitada, pues los estudios se enfocan en sistemas de innovación empresariales, sistemas de innovación regional, sin embargo en la literatura reciente (Klein,2020; Sánchez et al., 2017; Arcos et al., 2015), se destaca que la innovación no solo depende del conocimiento tecnológico, sino también de otras formas de conocimiento necesarias para desarrollar productos innovadores, procesos comerciales y organizacionales.

Es así que la innovación "...la introducción de un nuevo o significativamente mejorado, producto (bien o servicio), de un proceso, de un nuevo método de comercialización o de un nuevo método organizativo ..." (Manual de Oslo, 2006), no está limitado para las localidades, pues con el conocimiento de los recursos de una localidad, sus habitantes son capaces de crear y difundir el conocimiento con mayor rapidez, abriendo así la posibilidad a nuevos productos o al desarrollo o mejoramiento de los procesos y productos existentes con impacto en la economía de los habitantes, dándose por consecuencia un desarrollo unificado y sólido porque la organización y liderazgo del proceso innovador queda en manos de la población.

Estas reflexiones permiten potencializar el conocimiento del uso de plantas medicinales y los saberes tradicionales aplicados a la innovación de productos artesanales permitiendo resaltar la importancia de los procesos de aprendizaje locales y la creación de capacidades que generen valor para la comunidad.

Ahora bien, Rodríguez et al., (2020) destacan la importancia de las características territoriales y locales en la generación de conocimiento y aprendizaje, donde existen diversos elementos que deben ser considerados para impulsar el desarrollo e innovación de manera sostenible, siendo cruciales los siguiente:

Conocimiento local y recursos endógenos: haciendo mención sobre la importancia de las propiedades que han mostrado tener las plantas medicinales siendo estas una fuente invaluable para el desarrollo de productos. Son consideradas como recurso potencial para elaborar diversos artículos de higiene personal (Gómez & Martínez, 2018). Como señalan Sánchez et al. (2017), el aprendizaje local y el conocimiento generado en un territorio son atributos que fomentan la innovación, ya que el arraigo cultural y territorial de estos saberes proporciona una ventaja competitiva.

Innovación y transferencia de tecnología: para la innovación de productos, es esencial combinar el conocimiento tradicional con técnicas modernas de producción y transformación. En la transferencia de tecnología, debe ser apoyada he impartida por instituciones académicas, gobiernos locales y asociaciones privadas, esto facilitara que los productos generados cumplan con los estándares de calidad y regulaciones de salud. De esta manera, los emprendedores rurales pueden capturar el derrame del conocimiento, transformando sus saberes en innovación y crecimiento económico (Sánchez-Tovar et al., 2017; Martínez Domínguez et al., 2023).

Economía circular y sostenibilidad: La integración de prácticas sostenibles en la producción de estos productos puede no solo generar ingresos para las comunidades rurales, sino también contribuir a la economía circular, reduciendo el impacto ambiental y teniendo un plan de manejo de recursos naturales. El uso de plantas medicinales de manera responsable puede reducir el uso de productos químicos y plásticos, lo que responde a la creciente demanda de productos más ecológicos y saludables (Gómez, 2020; Martínez et al., 2019; Luna, 2018).

Creación de cadenas de valor locales: las unidades rurales pueden generar valor agregado al desarrollar estos productos, promoviendo el empleo local y generando nuevas fuentes de ingresos. La creación de cadenas de valor centradas en la producción y comercialización de productos a base de plantas medicinales puede transformar la economía de las comunidades, aumentando la competitividad y mejorando el bienestar de la población (Boisier, 2011; Hammond et al., 2020).

Comercialización y estrategias de promoción: para garantizar el éxito de estos productos en el mercado, es fundamental implementar estrategias de comercialización que destaquen sus atributos y propiedades naturales y su conexión con las tradiciones y uso local. Por lo que el uso de plataformas digitales, junto con la promoción de comercio justo, representa una vía clave para posicionar estos productos tanto a nivel nacional como internacional. Esto permitirá que las comunidades rurales aprovechen la creciente demanda de los consumidores por opciones responsables y sostenibles (Cañizares, 2016; Rodríguez et al., 2020).

Materiales y métodos.

Esta investigación diagnóstica fue de enfoque cualitativo, tipo descriptivo, un enfoque que se caracteriza por especificar las propiedades, características y perfiles de personas, grupos, comunidades, procesos, objetos o cualquier otro fenómeno sujeto a análisis (Alvarado, 2018; Sampieri, 2018). Bajo estas premisas se eligió el estudio de Caso para un análisis profundo de la comunidad de San José del Llano, en la búsqueda de maximizar las posibilidades para desarrollar conocimiento a partir de su estudio con la siguiente estrategia metodológica basada en los 5 criterios de Yin (Roth, 2022). Este formato permite que los resultados sean claros, concisos y alineados con la metodología propuesta(Yin, 2009).

Preguntas de investigación:

Esta investigación busco responder a las siguientes preguntas: ¿Cómo la comunidad de San José del Llano, Miquihuana, Tamaulipas, utiliza y gestiona los recursos naturales locales, especialmente las plantas medicinales? ¿De qué manera estas prácticas pueden resultar en productos innovadores para fomentar el autoconsumo y la economía local? Estas preguntas guiaron la exploración de las características geográficas de la comunidad, así como la identificación de sus recursos naturales, en particular las plantas medicinales para el desarrollo de productos innovadores.

Proposición:

Se propuso que la implementación de prácticas sostenibles de recolección y conservación de plantas medicinales en San José del Llano no solo contribuye al desarrollo económico de la comunidad, sino que también preservará el conocimiento tradicional y promoverá un uso sostenible de los recursos naturales. Además, se anticipa que la sensibilización de los habitantes y la creación de productos innovadores basados en estos recursos tendrán un impacto positivo en la economía local y en la cohesión social.

Unidad de análisis:

La unidad principal de análisis es la comunidad de San José del Llano, Miquihuana, Tamaulipas. Se examinarán subunidades específicas, como:

- Dimensión geográfica y levantamiento cartográfico
- Indicadores demográficos, de migración, sociales y económicos
- Caracterización de la población para conocer aspectos que pueden favorecer la integración de los habitantes a proyectos de autoempleo y productivos a través del desarrollo de productos a base de plantas medicinales.
- Identificación de plantas medicinales

Lógica que vincula los datos con la proposición:

Los datos se recopilaron a través de fuentes documentales, entrevistas estructuradas con habitantes clave de la localidad, y guías de observación. Estos datos se analizaron utilizando métodos hermenéuticos para interpretar los significados de los textos y un análisis de contenido para identificar patrones y tendencias relevantes. La lógica del análisis se centró en cómo las prácticas tradicionales y el uso de plantas medicinales pueden integrarse para desarrollar procesos de innovación locales y mejorar las condiciones socioeconómicas de la comunidad.

Criterios para interpretar los hallazgos:

Los hallazgos se interpretaron con base en la identificación de recursos naturales con propiedades curativas, el conocimiento de su uso en forma tradicional en correspondencia entre las prácticas observadas y la proposición planteada. Se especificaron las dinámicas de recolección y conservación, así como la propuesta de los productos innovadores a base de plantas medicinales para promover el autoconsumo y el desarrollo de la economía local.

Resultados y discusión

Dimensión geográfica

Para este estudió se levantó un mapa topográfico del Municipio de Miquihuana y se realizaron recorridos con la guía de observación para ubicar los transectos y la mayor proporción de plantas medicinales a partir de la especie gobernadora, señalada como la más popular por los habitantes de San José del Llano.

El municipio de Miquihuna, Tamaulipas se ubica al suroeste, en la porción más árida de Tamaulipas, es uno de los 43 que conforman el Estado de Tamaulipas. La extensión territorial del Municipio es de 1,055.88 kilómetros cuadrados, que representa el 1.13 % de la superficie estatal, Colinda al norte y al oeste con el estado de Nuevo León; al sur con el municipio de Bustamante y al este con el de Jaumave (Figura 1). La cabecera se encuentra en la villa de Miquihuana, entre los 23°33' latitud norte y los 99°48' longitud oeste, a una altitud de 1.892 metros sobre el nivel del mar. (Gobierno de Tamaulipas, 2024).

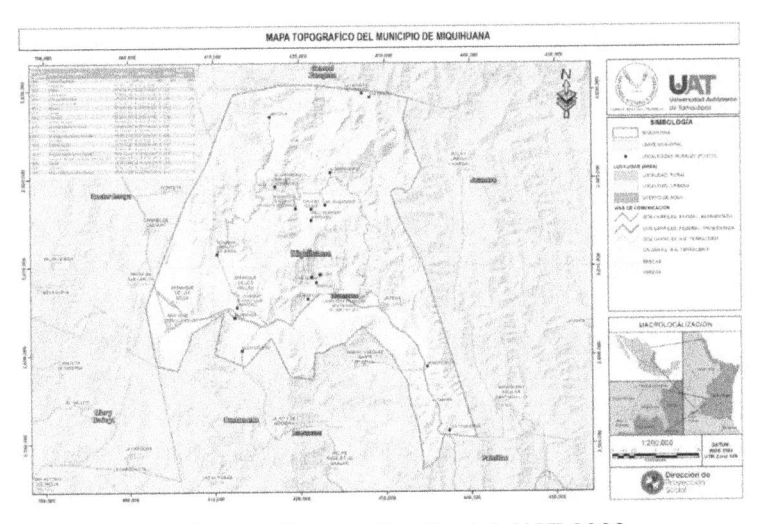

Figura 1. Municipio de Miquihuana

Fuente: Dirección de Proyección Social, UAT 2023

Miquihuana destaca por su proximidad geográfica con el municipio de Dr. Arroyo, en el estado de Nuevo León, lo que le confiere una cierta conexión con la ciudad de Monterrey, aunque esta cercanía no ha sido suficiente para mitigar las dificultades económicas que enfrenta el municipio. A pesar de estar relativamente cercana a importantes centros urbanos, el impacto de las condiciones climáticas y socioeconómicas sigue siendo significativas para la población local (Treviño-Carreón, 2012; Cano, 2020).

Indicadores demográficos, de migración, sociales y económicos.

La población de Miquihuana está compuesta por 3, 704 habitantes donde el 51.6% son hombres y el 48.4% son mujeres, se estima que la mitad de la población tiene 29 años o menos. Existen 76 personas en edad de dependencia por cada 100 en edad productiva, que representa una razón de dependencia del 76.3%.

En cuanto al fenómeno de migración se señalan las causas familiares (76%), seguida de trabajo (7.8%), inseguridad (6.2%), estudios (4.7%) y por otras causas (5.4%).

Con respecto a las características económicas, la población económicamente activa es de 40.4%, siendo una mayor proporción de hombres (82.2%). La población no económicamente activa, esta compuesta por el 59%, representada por personas dedicadas a los quehaceres de su hogar, (52.3%), estudiantes (20.4%), personas con otras actividades no económicas (17.7%), personas con alguna limitación física o mental que les impide trabajar (8.8%) y un mínimo porcentaje (0.8) de pensionados o jubilados.

De acuerdo con el INEGI (2020) Miquihuana está integrada por un total de 20 localidades, siendo las de mayor población; la cabecera municipal, Miquihuana con 1775, La Peña con 707 y la localidad de San José del Llano, objeto del estudio de caso.

El Ejido San José del Llano tiene una población de 669 habitantes, con una distribución casi equitativa entre hombres (346) y mujeres (323). La población de 12 años y más es de 494, de la cual, la población económicamente activa corresponde a 211 habitantes donde 28 corresponden al sexo femenino y 183 al sexo masculino. La Población de 12 años y más no económicamente activa son de 278, de la cual 204 son mujeres y 74 son hombres (INEGI, 2020)

En esta realidad destaca la necesidad de implementar estrategias que impulsen el desarrollo de esta zona marginada y proveer de un mejor acceso a oportunidades económicas para sus habitantes. Las cifras expuestas, ofrecen la oportunidad de que una gran proporción de mujeres se integren a actividades productivas bajo una propuesta de proyectos innovadores con base en los recursos naturales de su localidad, donde sean los mismos habitantes proveedores del autoconsumo y protagonistas de la detonación económica de su localidad.

Caracterización de la población

Los resultados permiten exponer características de la comunidad y de sus habitantes que pueden favorecer su integración a proyectos de autoempleo y productivos a través del desarrollo de productos a base de plantas medicinales. Entre las características se encuentran: patrones de migración, Identificación de prácticas tradicionales de uso de plantas medicinales, las dinámicas relacionadas con el manejo de los recursos naturales, ocupación, las formas de organización comunitaria, el interés y disponibilidad para integrarse a alternativas de autoempleo, de proyectos productivos y actividades de la vida cotidiana.

Con respecto a los instrumentos aplicados, se identificaron dos unidades principales de análisis: la población censada, compuesta por 30 familias del Ejido San José del Llano, y la población entrevistada, que incluyó a 30 personas, representando el 100% de la comunidad.

La mayoría de los entrevistados fueron mujeres (83%), con un promedio de edad en los rangos de 36 a 40 años y 51 a 55 años.

El 50% de los entrevistados indicó tener familiares en Estados Unidos, reflejando un patrón migratorio significativo. Esto sugiere que la migración es un factor clave que influye en la dinámica demográfica y económica de la comunidad, pues son principalmente los jóvenes adultos quienes emigran, lo que hace más evidente que la comunidad se vea caracterizada por una población de adultos mayores.

El 100% de los entrevistados considera los recursos naturales como montes, cuevas y la sierra, importantes para la convivencia familiar. Esto resalta la importancia del entorno natural en la vida cotidiana y la recreación de la comunidad, pero hace evidente el desconocimiento de las especies medicinales como un recurso natural que se debe proteger, preservar y desarrollar sosteniblemente. Por ello, es importante diseñar y fomentar prácticas sostenibles de recolección y conservación de estas plantas, a fin de proteger tanto su valor ecológico, económico, como su rol en la medicina tradicional.

El 100% de los entrevistados utiliza la tierra para actividades como la agricultura, aprovechamiento forestal, o artesanías, lo que indica un fuerte vínculo con la tierra. Los resultados arrojan también que la recolección y uso de estas plantas medicinales forma parte de las actividades económicas de la región, debido a que algunas de ellas son compradas a los habitantes en bajos precios y comercializadas por intermediarios como materias primas para la industria farmacéutica, cosmética y de alimentos.

En este sentido es fundamental entender que la vida cotidiana de la localidad se basa en actividades como la agricultura, los jornales de temporada y la recolección de especies silvestres no maderables, siendo estas las principales fuentes de sustento económico de la población. Otro aspecto de los habitantes de San José del Llano es acerca de la autosuficiencia que han desarrollado para atender algunos aspectos de salud, a partir de los saberes tradicionales de las plantas medicinales.

Se indago con los habitantes de la comunidad sobre su disponibilidad e interés en participar en proyectos de autoempleo, de ello se obtuvo que el 97% de los entrevistados no tiene conocimiento sobre programas de autoempleo y/o de proyectos productivos y un dato interesante es que el 93% de la población manifestó estar dispuesta a participar en proyectos de este tipo, (Figura 2) lo que indica un potencial significativo para iniciativas de autoempleo de elaboración de productos a base de plantas medicinales.

Figura 2. Interés en proyectos de autoempleo y/o productivos

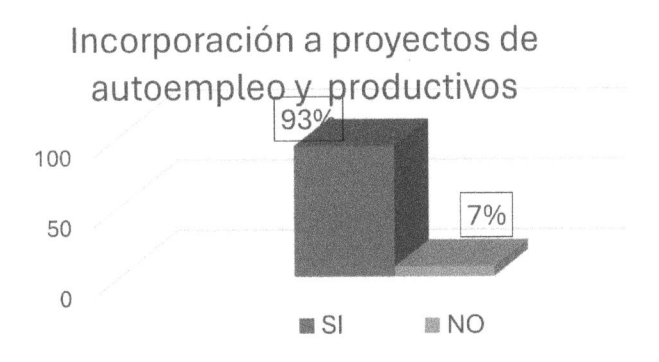

Incorporación a proyectos de autoempleo y productivos

- SI: 93%
- NO: 7%

Al respecto cabe señalar que existe una baja participación en actividades políticas que contrasta con la alta implicación en actividades religiosas y sociales, lo que sugiere un fuerte tejido social basado en la cultura y que puede beneficiar nuevos proyectos, como es la propuesta de productos innovadores a base de plantas medicinales que se encuentran entre sus recursos naturales y que desde un esquema de desarrollo sostenible sería un detonante para otros proyectos alternativos que beneficien a la población de San José del Llano, Tamaulipas.

Identificación de plantas medicinales

Los resultados permitieron conocer que el matorral xerófilo, dominante en el Altiplano, alberga una rica diversidad de plantas medicinales que han evolucionado en respuesta a la escasez de agua y a las altas temperaturas. Los habitantes de la comunidad identificaron las especies de plantas que a continuación se describen, y sobre las que se ha realizado una consulta en la literatura para destacar sus propiedades. El hojasén (Flourensia cernua), la lechuguilla

(Agave lechuguilla), la bisbirinda (Castela texana), y la gobernadora (Larrea tridentata) como ejemplos claros de vegetación adaptada a este ambiente. La gobernadora, en particular, es conocida por sus propiedades antiinflamatorias y antimicrobianas, y ha sido utilizada desde tiempos ancestrales para tratar diversos padecimientos (Bressan, 2024). Otra especie importante es el oreganillo (Lippia graveolens), cuyas hojas contienen compuestos que lo hacen eficaz como antiséptico y expectorante, además de ser beneficioso para la digestión (Macouzet et al., 2013; Mejía & Morales, 2021). Desde un enfoque químico, muchas de estas plantas contienen compuestos bioactivos de interés terapéutico. Por ejemplo, la gobernadora (Larrea tridentata) es rica en lignanos, como la nordihidroguaiarética (NDGA), que posee propiedades antioxidantes, antiinflamatorias y antimicrobianas. El oreganillo (Lippia graveolens) contiene flavonoides y terpenos, como el carvacrol y el timol, reconocidos por su acción antiséptica, digestiva y expectorante. Estos compuestos químicos, presentes en diversas especies del matorral xerófilo, han sido considerados pilares fundamentales en la medicina tradicional y actualmente ofrecen oportunidades para el desarrollo de productos nutracéuticos, cosméticos y farmacéuticos, impulsando alternativas sostenibles de productos innovadores que fomentan el autoconsumo y contribuyan al desarrollo económico local, especialmente en San José del Llano, Miquihuana, Tamaulipas.

Conclusiones

El análisis de los recursos naturales como capital endógeno de la localidad de San José del Llano para el desarrollo de productos innovadores a base de plantas medicinales ha demostrado ser efectivo y viable cubriendo los objetivos planteados y fundamentado en las perspectivas teóricas del desarrollo sostenible e innovación local.

Los resultados confirman que existen especies con propiedades medicinales que son de uso generalizado de la población. Sin embargo, los habitantes no tienen conocimiento del uso y preservación de sus recursos, por lo que la implementación de planes de manejo sostenible y el aprovechamiento del conocimiento tradicional sobre el uso y manejo de las plantas medicinales es una oportunidad para generar un desarrollo sostenible, sin perder de vista el proceso de innovación local; partiendo de la hipótesis de que el conocimiento tradicional combinado con técnicas modernas puede transformar los recursos naturales endógenos en productos innovadores y sostenibles. En este sentido, la integración de prácticas sostenibles y la economía circular pueden mejorar el bienestar económico y social de las comunidades rurales. Además, el autoconsumo y estrategias de comercialización adecuadas pueden posicionar estos productos de manera efectiva en mercados tanto nacionales como internacionales.

Las características de la comunidad indican un potencial considerable para facilitar los procesos de innovación y desarrollo de productos a base de plantas medicinales, teniendo como ventaja la cohesión social, la práctica organizacional que tiene la comunidad, el gran porcentaje de población no económicamente activa que está compuesta principalmente por mujeres y el interés que manifestó la población para integrarse a proyectos productivos.

Una reflexión teórica que fundamenta la propuesta es el desarrollo local que destaca la importancia del territorio como el espacio donde se gestan los procesos de innovación local y el aprendizaje que resultan en una mayor solidez cuando los habitantes en una sinergia se hacen cargo del uso y preservación de sus recursos, así como de la transformación o desarrollo de nuevos productos, donde son ellos mismos los protagonistas del proceso de innovación.

En esta investigación no se observan implicaciones adicionales que vayan más allá de lo alcanzado en este estudio. Las conclusiones están basadas en los datos de los objetivos planteados y de los resultados obtenidos, sin especulaciones adicionales, y se centran en lo que se ha demostrado a través del análisis realizado.

Referencias

Alvarado, J. C. O. (2018). El Marco Metodológico en la investigación cualitativa. Experiencia de un trabajo de tesis doctoral. Revista Científica Estelí, (27), 25-37.

Arcos Soto, C.; Suárez Pineda, M.; Zambrano Vargas, S. (2015). "Procesos de innovación social (IS) como fuente de transformación social de comunidades rurales". Revista Academia y Virtualidad, 8, (2), 85-99. Volumen 8:, N°2

Ardill, N. (2022). Innovación social para el desarrollo sostenible. En Cultivar alimentos en las ciudades: estrategias de innovación social para el desarrollo sostenible (pp. 31-39). Cham: Springer International Publishing.

Bepa (2011), "Empowering people, driving change Social Innovation in the European
Union", Comisión Europea. Disponible en http://ec.europa.eu/bepa/pdf/publications_pdf/social_ innovation.pdf. Acceso 23 de septiembre de 2024.

Boisier, S. (2011). Desarrollo territorial: una visión sistémica. Santiago: CEPAL

Bressan Merlo, M. E. (2024). Larrea ameghinoi Speg. Jarilla Rastrera: efecto antioxidante, antimicrobiano y estudio químico.

Cano Aguilar, A. (2020). Pobreza, ambiente y bienestar social en un ejido de la zona Ixtlero Candelillera. Producto de investigación ICSA.

Cañizares, M. (2016). Comercio justo: Una estrategia de desarrollo en el ámbito rural. Madrid: Editorial ECO.

COLEF, C. (2016). Comunicado del Consejo General de Colegios Profesionales de la Educación Física y del Deporte (consejo COLEF) en relación a la realización de pruebas biomecánicas por parte del profesional con titulación universitaria en ciencias de la actividad físi. Revista Española de Educación Física y Deportes, (413), pág-97.

Consejo Nacional de Población (2022) La situación demográfica de México. Año 4, núm.4,2022.https://www.gob.mx/cms/uploads/attachment/file/895798/SDM_Parte1_2022.pdf

Comisión Nacional de Zonas Áridas-CONAZA (2019). Priorizarán atención a comunidades de extrema marginación de las zonas áridas y en proceso de desertificación. https://www.gob.mx/conaza/prensa/priorizaran-atencion-a-comunidades-de-extrema-marginacion-de-las-zonas-aridas-y-en-proceso-de-desertificacion-198461

Fernández, F. G., & Jardines, A. L. D. (Eds.). (2017). El altiplano tamaulipeco: especialización productiva y desarrollo socioeconómico. Universidad Autónoma de Tamaulipas.

Gobierno de Tamaulipas, (2024). Portal de Gobierno del estado de Tamaulipas https://www.tamaulipas.gob.mx/

Gómez, L. (2020). Innovación en productos naturales: Nuevas tendencias en el uso de plantas medicinales para el autocuidado. Journal of Environmental Research, 25(3), 34-45.

Gómez, P., & Martínez, C. (2018). Desarrollo sostenible a través de la bioeconomía en áreas rurales. Revista de Economía Rural, 52(4), 67-81.

Hammond, F., Heit, M., & Moya, E. (2020). La responsabilidad social empresaria, una oportunidad de desarrollo endógeno a partir de la creación de valor compartido a nivel local. In XVI Simposio Regional de Investigación Contable y XXVI Encuentro Nacional de Investigadores Universitarios del Área Contable (Modalidad virtual, 3 de diciembre de 2020).

Hernández, G.R., Sánchez, T.G.O., & Rubio, O.R.G. (2005). Aprovechamiento y conservación de orégano, damiana y peyote queretano.

Hernández-Sampieri, R., & Mendoza, C. (2020). Metodología de la investigación: las rutas cuantitativa, cualitativa y mixta.

Ilwell Uwazuruike, (2023) Migration and the right to survival: An empirical study of three fishing communities in Senegal, Journal of Rural Studies, Volume 99, Pages 71-78, ISSN 0743-0167. https://doi.org/10.1016/j.jrurstud.2023.02.007.(https://www.sciencedirect.com/science/article/pii/S0743016723000360)

Instituto Nacional de Estadística y Geografía, (2020) Parorama sociodemogáfico de Tamaulipas, Censo de Poblacióny Vivienda 2020, México.

Instituto Nacional de Estadística y Geografía, (2020). Principales resultados por localidad (ITER) (2020) Subsistema de Información Demográfica y Social. Censo de Población y Vivienda 2020, México. Consulta en https://www.inegi.org.mx/app/scitel/consultas/index#

Jönsson, J. H (2019) Overfishing, social problems, and ecosocial sustainabilityin Senegalese fishing communities Journal of Community Practice, Vol. 27, 213–230 pág. https://doi.org/10.1080/10705422.2019.1660290

Klein, J.-L., Pitarch-Garrido, M.-D., Sales Ten, A., & Martín Cubas, J. (2020). El desarrollo local como resultado de un proceso de innovación social en Saint-Camille (Quebec) y Aras de los Olmos (Valencia). Investigaciones Geográficas, (74), 165-182. https://doi.org/10.14198/INGEO2020.KPSM

Lucio, B. M. A. G., & Martínez, S. M. S. (2023). Conoce tu flora: Biomas y la vegetación de Nuevo León.

Luna Huerta, H. M. (2018). Plan de manejo y biocomercio de plantas medicinales y aromáticas para mejorar las las condiciones de vida del distrito de Coris provincia de Aija Dpto. de Ancash 2014-2015.

Macouzet, M. V., Estrada, E., Jiménez, J., José Angel, V., & Herrera, M. C. (2013). Plantas Medicinales de Miquihuana, Tamaulipas. Universidad Autónoma de Nuevo León, 11-13.

Magallán-Hernández, F., Valencia-Hernández, J. A., & Sánchez-Castillo, R. (2023). Studies for the conservation and use of Chrysactinia mexicana, an aromatic and medicinal plant native to Mexico. Polibotánica, (55), 145-159.

Oslo Manual: Guidelines for collecting and Interpreting Innovation Data (2005), 3rd Edition, ISBN 9264013083, OECD-European Communities. Traducción Sánchez y Castrillo, Editorial, Comunidad de Madrid, Consejería de Educación Dirección General de Universidades e Investigación. https://www.madrid.org/bvirtual/BVCM001708.pdf.

Martínez Domínguez, M., González Pérez, M., García Rodríguez, I., & Castillo Almeida, G. (2023). Gestión de la propiedad intelectual en los proyectos de Ciencia, Tecnología e Innovación. Revista Universidad y Sociedad, 15(1).

Martínez, R., Sánchez, J., & Pérez, L. (2019). La sostenibilidad en la producción de productos de higiene a partir de plantas medicinales: Un enfoque circular. Estudios de Medioambiente, 41(2), 78-89.

Medina-Bueno, J. L., de Ros, J. G., & Vázquez-Barquero, A. (2020). La calidad institucional como factor determinante del desarrollo económico basado en los recursos naturales. Revista de economía mundial, (56).

Mejía Solórzano, J. L., & Morales Reyes, M. J. (2021). Efecto inhibitorio del extracto hidroalcohólico de Eucalyptus spp" Eucalipto" sobre bacterias aisladas de vacas con mastitis en la ciudad de León (Doctoral dissertation).

Morrone, J. J. (2019). Biogeographic regionalization and biotic evolution of Mexico: biodiversity's crossroads of the New World. Revista mexicana de biodiversidad, 90.

Omoyo, NN, Wakhungu, J. y Oteng'i, S. (2015). Efectos de la variabilidad climática en el rendimiento del maíz en las tierras áridas y semiáridas del este de Kenia. Agriculture & Food Security, 4, 1-13.

Organización de las Naciones Unidas -ONU., Objetivos de Desarrollo Sostenible https://www.un.org/sustainable development/es/2015/09/la-asamblea-general-adopta-la-agenda-2030-para-el-desarrollo-sostenible/

Rodríguez, J., & Pacheco, M. (2020). Bioeconomía rural y plantas medicinales: Retos y oportunidades en el siglo XXI. Revista Latinoamericana de Innovación y Desarrollo, 13(1), 23-45.

Roth, N. (2022). Los Estudios de caso único en la investigación social y organizacional. Avanzando hacia la comprensión de sus aspectos epistemológicos y metodológicos. RLE. Revista de Liderazgo Educacional, (2).

Secretaría de Agricultura y Desarrollo Rural (2019). Programa de Desarrollo Rural 2019. https://datos.gob.mx/busca/dataset/programa-de-desarrollo-rural-2019

Toledo, V.M. (1982). La diversidad biológica de México. Nuevos retos para la investigación de los noventa. Ciencias, (037)

Treviño-Carreón, J., Gutiérrez-Lozano, J., Vargas-Tristán, V., & de Jesús, M. (2012). La vegetación del altiplano de tamaulipas, méxico vegetation of the highlands in tamaulipas, mexico. Recursos Naturales, 1.

Sampieri, R. H. (2018). Metodología de la investigación: las rutas cuantitativa, cualitativa y mixta. McGraw Hill México.

Sánchez Tovar Y., García Fernández, F., Mendoza Flores, E. (2017). La capacidad de innovación y su relación con el emprendimiento en las regiones de México. http://dx.doi.org/10.1016/j.estger.2015.04.001. Universidad ICESI. Elsevier España

Sánchez, F., Gutiérrez, M., & Ramírez, O. (2017). Innovación y crecimiento económico: Un análisis territorial. Revista de Economía Regional, 62(3), 235-255.

Vázquez Barquero (2000) Desarrollo económico local y descentralización: aproximación a un marco conceptual, Comisión Económica para América Latina y el Caribe, Santiago, Chile. https://repositorio.cepal.org/server/api/core/bitstreams/96269953-87d5-4cff-8984-d5d944981ad2/content.

Yin, R. K. (2009). Case study research: design and methods (4a. ed.). E.U.A.: SAGE Publications. Inc.

Capítulo 5
Estrategias Efectivas Para El Seguimiento De Egresados De La Carrera De Ingeniería Civil De La Facultad De Ingeniería Tampico.

Dr. Luis Álvaro Zavala Guerrero
Dr. Marcos Alfredo Azuara Hernandez
M.C.Rosa Carmina Cardona Hondall

Estrategias efectivas para el seguimiento de egresados de la carrera de ingeniería civil de la facultad de Ingeniería Tampico.

Introducción

Las Instituciones de Educación Superior (IES) tienen como objetivo principal formar profesionistas que apoyarán con sus conocimientos a mejorar la vida en la zona donde laboren.

Por esa razón las IES tienen el compromiso de mejorar sus programas académicos, actualizarlos conforme a lo que se necesite en el área laboral y las necesidades de los empleadores.

El siguiente estudio para la carrera de Ingeniería Civil (IC) de la Facultad de Ingeniería Tampico (FIT), de la Universidad Autónoma de Tamaulipas (UAT) nació para analizar la situación de los egresados, no solamente por la pertinencia académica, también para el seguimiento de los egresados y tener conocimiento de sus necesidades al término de la carrera y en la búsqueda de la inserción laboral.

Para la realización del estudio, se contactó a la mayor cantidad de egresados para generar una base de datos, posteriormente se aplicó una encuesta en donde se analizaron las respuestas para conocer áreas relevantes como la pertinencia académica, la inserción laboral y las mejoras que los egresados proponen para la carrera de IC.

Problemática

Los estudios de egresados que realizan las Instituciones de Educación Superior ayudan a la revisión de la pertinencia del programa académico y son de apoyo para la mejora y actualización de dichos programas.

En este marco el análisis de los egresados será una opción para los procesos de mejora continua consolidando los programas académicos, de acuerdo a las necesidades de la sociedad y las empresas.

> "El conocimiento del desempeño de sus egresados constituye una vía de aproximación a la realidad de los campos profesionales que, en conjunto con estudios de carácter prospectivo sobre las tendencias económicas y sociales a nivel local o regional resultan de gran utilidad para redimensionar la labor educativa." (Fresán, 1998,pp.20)

En este sentido es importante no solamente hacer análisis a la pertinencia académica dentro del plan institucional, también es tener el conocimiento de una manera local sobre la realidad de los egresados de la carrera en Ingeniería Civil y su relación con el campo laboral en la Zona Sur del Estado de Tamaulipas, para tener un resultado real y directo conforme a la dinámica que están presentando.

Según Arrieta y Andrés (2010) el seguimiento a los egresados es una parte estratégica y prescindible para las Instituciones de educación superior, los resultados que generen serán de gran valor para comprobar la eficacia de los programas académicos y cómo repercute en la inserción laboral de acuerdo con la respuesta derivada por parte de los egresados.

De acuerdo con la idea mencionada, es importante compartir que la Universidad Autónoma de Tamaulipas realiza el seguimiento de egresados de manera institucional, así mismo trabaja en la actualización no solamente de los programas académicos, también en la actualización del Modelo Educativo UAT en especial por el cambio de rector.

En el caso de la Facultad de Ingeniería Tampico, el Programa Académico (PA) de IC, se inclina en dos programas, Generación del conocimiento y Reforma Curricular UAT 2023.

De igual manera, se aborda el estudio realizado por Ramírez, Reséndiz & Reséndiz (2017)

en el cual se busca perfilar las necesidades de los egresados, conocer cómo ha sido su

inserción en el campo laboral y cuáles han sido sus necesidades académicas después de salir del programa que cursaron.

Con respecto a la Reforma Curricular UAT 2023, va a perfilar la trayectoria de los estudiantes para buscar el consolidar la parte laboral más allá de un proceso institucional, buscando una bolsa de trabajo con información pertinente, actualizada y con datos no solamente de la zona sur de Tamaulipas, si no con las ciudades que cercanías de acuerdo a la estrategia señalada en el Modelo Educativo 2023, Estados de Nuevo León, San Luis Potosí, Veracruz, Hidalgo, Puebla, Querétaro, Estado de México, Ciudad de México, Guanajuato y Jalisco.

Delimitación

El estudio está orientado en el seguimiento de egresados de la carrera de Ingeniería Civil de la Facultad de Ingeniería Tampico (FIT) de la Universidad Autónoma de Tamaulipas (UAT).

En donde se describe la situación de los egresados, su pertinencia académica e inserción laboral en el entorno real de la zona.

Delimitación espacial.

El objeto de estudio fue el programa presencial de la Carrera de Ingeniería Civil de la Facultad de Ingeniería Tampico.

Objetivo Investigación:

Desarrollar estrategias efectivas para el seguimiento de egresados de la carrera de IC de la FIT

Objetivos Especifico:

1. Analizar el grado de satisfacción de los egresados de la Carrera de Ingeniería Civil de acuerdo con su desempeño laboral actual.
2. Identificar las principales dificultades de los egresados en la inserción laboral.

Antecedentes:

Carrera de Ingeniería Civil:

La Facultad de Ingeniería Tampico, ubicada en los terrenos del Centro Universitario de la Universidad Autónoma de Tamaulipas formalmente se incorpora en noviembre de 1956 siendo su principal objetivo el formar profesionistas en diferentes ramas de la ingeniería, así como ser una facultad que comienza a trabajar la difusión de la investigación científica y tecnológica en base a las problemáticas de la zona conurbada y así tener un impacto con la sociedad.

El interés de integrantes del Colegio de Ingenieros Civiles de México-Tamaulipas originaron la sede del plantel en esta zona ya que los ingenieros aportarían los catedráticos para la impartición de las clases.

Las carreras de la Facultad de Ingeniería Tampico oficialmente se aperturaron el 22 noviembre de 1956 por el rector de la Universidad Autónoma de Tamaulipas, Lic. Isaac Sánchez Garza. La Facultad de Ingeniería es una Dependencia de Educación Superior (DES).

El primer director de la Facultad fue el Ing. Arturo Narro Siller y se trabajó con el modelo de la UNAM para hacer un plan de estudios anual.

Sin embargo, en 1968 se cambió a un plan semestral, estableciendo en el año de 1981 un nuevo plan de estudios de acuerdo con las necesidades de la zona.

Al comienzo de la carrera se brindaba un modelo centrado en el docente, en cambio a la fecha se decide trabajar un modelo centrado en el estudiante y que se trabaje por créditos para que el alumno pueda diseñar su estructura curricular de acuerdo a su disponibilidad.

Los programas educativos se elaboran con la intención de ser flexibles y así el estudiante pueda seleccionar materias de su interés.

En el 2008 Los Comités Interinstitucionales para la Evaluación de la Educación Superior (**CIEES**) dictaminaron en nivel 1 los programas educativos de la Facultad de Ingeniería Tampico.

El Consejo de Acreditación de la Enseñanza de la Ingeniería, A. C., (**CACEI**) en el año 2013 acreditó los programas educativos de Ingeniería Civil, Ingeniería Industrial e Ingeniería en Sistemas Computacionales.

El Programa de Ingeniería Civil ha sido acreditado 3 veces por el CACEI.

Enfoque Teórico

Una de las actividades de toda institución educativa superior, es el seguimiento de sus egresados para saber la situación profesional en la que se encuentran y en el caso de la Facultad de Ingeniería Tampico, ver no solamente la pertinencia académica, también sus necesidades ya sea académica por actualización de conocimientos, seguimiento a proceso de titulación y en dónde se encuentran laborando actualmente.

De acuerdo con Loaiza et al. (2021) es importante tomar en cuenta que los estudios de seguimiento a egresados se hacen para analizar de manera particular el perfil del egresado, su situación laboral, siendo una herramienta importante la aplicación de entrevistas.

Las entrevistas pueden dar información a profundidad para saber las inquietudes de los egresados y canalizarlos a las áreas correspondientes dentro de la Facultad.

Al hacer este tipo de análisis los programas académicos siempre estarán en la mejora continua, ya que uno de los objetivos que tendrás las IES es tener sus programas actualizados de acuerdo con las necesidades de los empleadores y principalmente los egresados, en este caso es una sinergia entre la universidad, los egresados y empresarios.

En la Facultad de Ingeniería Tampico, de acuerdo con la Reforma Curricular 2023, el perfil de egreso tiene que ver con el cumplimiento de los objetivos en las áreas estipuladas, así como las habilidades que destacarán en el egresado como el liderazgo para darle solución a las problemáticas de la zona en la que labore en torno a la responsabilidad social, la sustentabilidad y el apoyo a los derechos humanos. (UAT, 2023)

Estos últimos elementos, la responsabilidad social, la sustentabilidad y los derechos humanos son puntos que se han tratado en los modelos educativos, no solamente de la Universidad Autónoma de Tamaulipas, también las empresas lo están tomando en cuenta.

En la UAT de acuerdo con el perfil de egreso institucional.

Los estudios de seguimiento de egresados son elemento fundamental para saber el contexto en el que se encuentran los egresados, tener el dato real sobre su dinámica, misma que servirá para tener conocimiento de las áreas de oportunidad y las fortalezas de cualquier plan de estudios. (Medina, et al. 2005)

Al apoyarse con los resultados de las encuestas aplicadas a nivel institucional, en este caso por instrumento aplicado por la Universidad Autónoma de Tamaulipas, se busca tener una información real de los egresados de la FIT.

El estudio de egresados también es importante porque se debe cumplir con los atributos de egreso del CACEI, en los cuales se habla de 7 atributos dentro de los cuales hace hincapié a reconocer la necesidad del compromiso de un conocimiento adicional, así como los objetivos educacionales que se inclinan a la parte laboral del egresado en donde va a ejercer su profesión aplicando sus conocimientos y tener la visión de prepararse actualizándose y con el compromiso de servir a la sociedad.

Desarrollo:

Pertinencia académica.

De acuerdo con el Consejo Nacional de Acreditación (CNA) (2020), la pertinencia, es cuando en el contexto de las instituciones los programas académicos trabajan de manera adecuada los elementos para el desarrollo de su formación desde la parte docente, científica y todo aquello que sea parte de su entorno.

Así mismo la pertinencia del Programa Académico tiene su base en los lineamientos que han dado a conocer los empleadores en los últimos años, haciendo énfasis en áreas importantes para un ingeniero civil, tal es el caso del área en construcción, vías generales de transporte, pavimentos, entre otras (Universidad Autónoma de Tamaulipas [UAT] 2023).

En ese sentido el PA de Ingeniero Civil, ha recibido acreditación por parte del Consejo de Acreditación de la Enseñanza de la Ingeniería, A.C. (CACEI), misma que es importante para mejorar la calidad de los ingenieros gracias a la evaluación y acreditación de la carrera de IC de la FIT. (UAT, 2023)

Al ser un organismo con evaluación internacional, se debe contar con una metodología para darle continuidad a todos los elementos a evaluar, esto ayudará a la pertinencia del programa académico.

El procedimiento de acreditación del CACEI tiene que ver con 6 elementos importantes en la evaluación, como lo son: Personal académico, Estudiantes, Plan de estudios, Valoración y mejora continua, Infraestructura y equipamiento y Soporte institucional. Además, la evaluación de Perfil de egreso y los objetivos educacionales.

Seguimiento de egresados.

La Asociación Nacional de Universidades e Instituciones de Educación Superior (ANUIES) (2017) señala la importancia para las Instituciones de Educación Superior el contar con un programa para dar seguimiento a los egresados para hacer un análisis sobre los datos que se tengan referente a la situación laboral en la que se encuentren, así como elementos que se deben observar, tal es el caso de aspectos como su preparación y conocimiento, mismos que son tomados en cuenta como parte primordial en los estándares para una educación superior de calidad.

Uno de los elementos clave es brindar una educación continua identificando las áreas de oportunidad en los egresados al darle un seguimiento especial. (ANUIES, 2018)

Dentro de este orden de ideas, se puede considerar imprescindible el análisis del estudio de los egresados, para establecer la posibilidad de brindarles no solamente un programa de calidad, sino la oportunidad de seguir actualizando sus conocimientos en especial por las necesidades de los empleadores.

Inserción laboral

Dentro de este concepto es fundamental tomar en cuenta el tiempo en que un egresado tarda en conseguir un trabajo, revisar el tiempo en que se incorpora a la vida laboral al término de sus estudios el cual se puede relacionar con el tiempo en que tarda en titularse.

Metodología

Es un estudio mixto ya que en la encuesta que es cuantitativa, se deja una pregunta abierta para revisar a profundidad la opinión de los egresados respecto a sus necesidades en la educación continua para mejorar y actualizar sus conocimientos en lo que respecta a su área de trabajo en caso de que sea un egresado que se desarrolle en un área laboral de acuerdo a su perfil o un egresado interesado en mejorar su curriculum con algún diplomado o curso.

La metodología fue exploratoria, siendo una investigación no experimental transversal por la aplicación de la encuesta en un solo momento.

Población:

Se aplicó la encuesta a 100 egresados de la Faculta de Ingeniería Tampico de la carrera de Ingeniería Civil.

Muestra:

Es una aplicación no probabilística por conveniencia ya que de acuerdo a Sampieri (2014) nos dice que estas muestras que también se conocen como dirigidas, no se inclinan a criterios estadísticos, en este caso se trabajan de acuerdo a los elementos que son particulares de una investigación.

En este caso se aplicó a la mayor cantidad posible de egresados de la Carrera de Ingeniería Civil, tomando en cuenta que formalmente no existe una base de datos de egresados y por el tiempo en que se aplicó se decidió utilizar el uso de la red social WhatsApp para llegar a la mayor cantidad de egresados posibles.

Análisis de la encuesta

En este estudio se dio a la tarea de contactar a la mayor cantidad posible de estudiantes de la carrera de Ingeniería Civil de la Facultad de Ingeniería Tampico, para darle un seguimiento oportuno se consideró hacer llamadas a los egresados explicando la finalidad de la encuesta mismo que fue enviado por WhatsApp.

Tomando en cuenta lo anterior, se analizan los resultados que la encuesta arrojó, se hace hincapié que en el tiempo que se trabajó en contactar a los egresados, se obtuvo una respuesta de 100 egresados.

Se considera que del total de encuestados de la carrera de Ingeniería Civil se puede evidenciar que la población en su mayoría masculina, lo cual representa el 66% de la población, mientras que la población femenina fue de un 34%.

Al analizar la fecha en que egresaron de la carrera se observa que un 36% finalizó en el 2022, siendo el año en donde más egresados contestaron la encuesta, en la siguiente gráfica se representan los datos de todos los encuestados.

Figura 1: Número de egresados y año en que terminó la carrera.

Año	Egresados
2011	1
2014	1
2015	2
2017	2
2018	4
2019	10
2020	6
2021	13
2022	36
2023	21
2024	4

Fuente: Elaboración propia.

Siguiendo con el análisis de la encuesta, se puede apreciar en la Figura 2 que el 32% de los egresados ya cuentan con su título a diferencia del reto. El resultado es importante para el estudio, en especial por la aplicación de la bolsa de trabajo y los requisitos de los empleadores al solicitar que los interesados en trabajar tengan su título y cédula profesional.

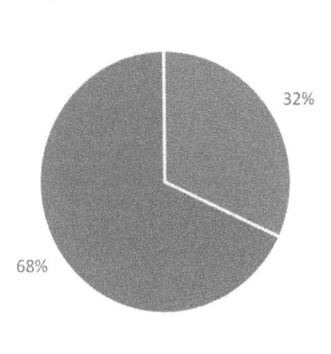

Figura 2: ¿Está titulado?

- NO: 68%
- SI: 32%

Fuente: Elaboración propia.

Dentro del análisis de la parte laboral, se considera el tiempo que el egresado tardó en conseguir su primer empleo, en donde el 62% comparte que lo obtuvo en menos de 6 meses, mientras que un 18% encontró su primera oferta laboral entre los 6 meses y 1 año, teniendo un 6% que considera que tardó más de un año y por último existe un 14% que todavía no cuenta con empleo.

Estos datos son importantes y se pueden relacionar con el programa académico y su trabajo de actualización de acuerdo con las necesidades de la zona y los empleadores.

En la figura 3 se puede apreciar el porcentaje sobre trabajar en un área acorde a la carrera.

Dentro de los trabajos que comparten los encuestados se encuentran: Supervisor de cumplimiento de estándares de calidad, Logística, Topografía, Almacenista, Auxiliar de control de obra, Ingeniero de proyecto, Coordinador de construcción, Supervisor de obra, analista de precios, Estimaciones y pavimentación de calle, Gerencia de proyectos en constructora, Hidráulica y electromecánica, Carreteras, Obras marítimas y portuarias, Obras públicas, Auxiliar de cartografía, Control de Calidad, Procesos, Manufactura y quienes decidieron tener su propia constructora.

Figura 3: ¿Trabaja en un área acorde a lo que estudió?

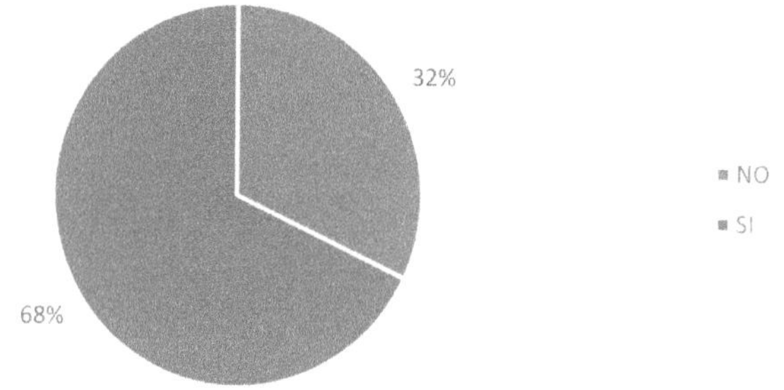

Fuente: Elaboración propia.

Este dato permite reconocer la importancia de la pertinencia académica de la Facultad de Ingeniería Tampico en donde los egresados están en diferentes áreas laborales dentro de la formación profesional de un ingeniero civil. En este caso la carrera está pasando de un Modelo Educativo de Generación del Conocimiento a una Reforma Curricular con miras a la actualización y mejora de asignaturas que se relacionan con el ejercicio específico de la profesión y las necesidades de los empleadores al tener un personal más competitivo.

Tomando en cuenta la figura 4, la mayoría de los egresados están en el sector privado siendo una población del 64%, el sector público está representado por el 8%, posteriormente tenemos egresados en el sector educativo y en instituciones no lucrativas con un 4% cada una, sin embargo, los egresados que anteriormente respondieron que no están trabajando en su área, son parte del porcentaje del autoempleo sumando un resultado del 20%.

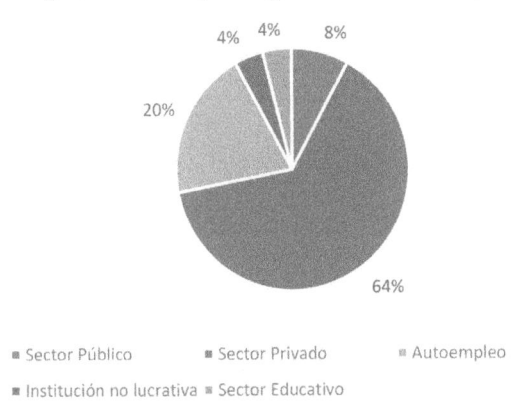

Figura 4 Porcentaje de egresados laborando y sector.

- Sector Público
- Sector Privado
- Autoempleo
- Institución no lucrativa
- Sector Educativo

Fuente: Elaboración propia.

Este dato es importante porque se debe dar seguimiento a los que están trabajando en otras áreas que no son de la carrera, considerando en la parte del autoempleo en donde están los egresados que todavía no están colocados en un trabajo con respecto a su profesión.

Además, dentro de este análisis se observa que el 64% de los egresados su primer trabajo fue por contactos personales, el 9% por medio del lugar en donde desarrollaron las prácticas, sin embargo, dentro de la parte del uso de plataformas digitales tomaron en cuenta páginas que ya están posicionadas a nivel internacional, por otra parte no se vio registro sobre compartir un dato referente a una bolsa de trabajo institucional.

Aunque en otro sentido, dentro de los 100 encuestados comparten la importancia de una bolsa de trabajo dentro de la Facultad de Ingeniería Tampico, esto se puede apreciar en la figura 5.

Figura 5: Importancia de una bolsa de trabajo dentro de la Facultad de Ingeniería Tampico.

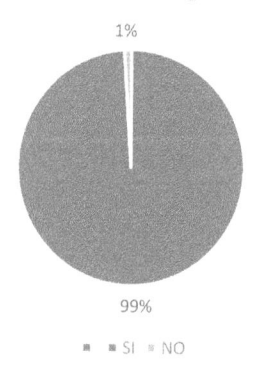

Fuente: Elaboración propia.

Este indicador resalta la importancia de la bolsa de trabajo, no solamente en la parte institucional, es decir, una atención directa de la propia Facultad de Ingeniería Tampico.

Lo anterior es un elemento clave para la presente investigación debido a que se busca el apoyar a los egresados en el tema de la inserción laboral y proporcionarle todas las herramientas posibles para obtener de manera satisfactoria un empleo de acuerdo a sus competencias.

Por último, es conveniente dar a conocer que dentro de este análisis se observa que un punto a considerar es la actualización de conocimientos después de terminar la carrera profesional debido a la importancia de seguir en constante actualización, más allá de la experiencia en el campo laboral, en este orden de ideas se comparte la figura 6 en donde se aprecia que existe una polarización entre los que han buscado esta actualización y los que no la tienen.

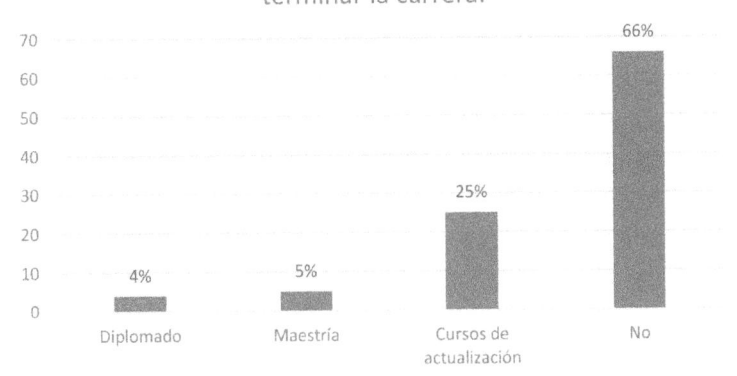

Figura 6: Otro tipo de formación después de terminar la carrera.

Categoría	Porcentaje
Diplomado	4%
Maestría	5%
Cursos de actualización	25%
No	66%

Fuente: Elaboración propia.

En este sentido tomando en cuenta la actualización de conocimientos de los egresados, dentro de la encuesta se plantea la pregunta sobre qué tipo de cursos o diplomados les gustaría que la Facultad de Ingeniería Tampico les ofertara. Dentro de las respuestas que se obtuvieron, los egresados están interesados por actualizarse en todas las áreas de la Ingeniería Civil, destacando el área de la construcción, la actualización de herramientas digitales sin dejar de lado la parte administrativa y financiera.

Propuestas

Las propuestas aquí expuestas son para un seguimiento y control interno desde la FIT, esto garantizará la atención a los egresados de la Carrera de Ingeniería Civil, en especial al comenzar con una base de datos actualizada para compartirles la información pertinente de acuerdo con sus necesidades.

- Base de datos formal de los egresados de la Facultad de Ingeniería Tampico.
- Utilizar página institucional para difusión y acceso a empresas para que puedan registrarse.
- Redes sociales para dar difusión a las ofertas laborales de las empresas de la zona y cursos de actualización.
- Correo institucional para contacto exclusivo con egresados.
- Análisis sobre cantidad de egresados de Ing. Civil, revisión de generación, cantidad total de hombres, mujeres y estimado sobre lugares de trabajo, actividad actual de cada uno. •Al menos análisis del 10% de la plantilla. Para el seguimiento de los alumnos que todavía están en busca de un empleo.

Promoción y difusión de la bolsa de trabajo de la facultad de ingeniería tampico.

Una bolsa de trabajo interna de la FIT apoyará a los egresados en tener la seguridad para una buena experiencia en el mundo laboral.

Sumando esfuerzos con las empresas y compartiendo los medios digitales para que también los alumnos tengan conocimiento sobre este servicio.

Feria del empleo

- Apoyo del egresado para oportunidades laborales, darle el seguimiento desde que termina la carrera a la par de los requerimientos institucionales, en este punto es darle una atención personalizada y despejar sus dudas para que también no sea un egresado que deje pasar mucho tiempo en realizar su proceso de titulación y pueda tener mejores oportunidades laborales.
- Invitación a CMIC, AISTAC, COPARMEX, CANACINTRA, CFE, Secretaría de Obras públicas Tampico, Cd. Madero y Altamira, Organismos Gubernamentales, CEMEX, ATP, Constructoras de la Zona y todo el sector privado para que puedan dar pláticas que les sirvan a los estudiantes y ellos vean el panorama de lo que necesitan las empresas para mejorar su perfil.

Egresados exitosos

- Invitación a los egresados que actualmente se encuentran laborando para que compartan su experiencia a los estudiantes de la FIT, esto les abrirá un panorama de lo que se vive en la parte laboral que va de la mano con lo aprendido en la universidad.
- Se debe tomar en cuenta los testimonios que inspiren a los estudiantes y que vean todas las áreas en las que se pueden desarrollar, en especial porque también existen egresados de la Carrera de Ingeniería Civil que tienen su empresa y es ver esa perspectiva para los estudiantes que son emprendedores.

Capacitaciones para solicitud de empleo

Este tipo de capacitaciones se puede implementar a los estudiantes de los últimos semestres.

Buscar un espacio para que también ellos puedan vivir la experiencia de este tipo de talleres, desde la elaboración de un CV hasta las recomendaciones para una primera impresión en una entrevista de trabajo. Ahora bien, en este punto se prepara a un estudiante con todas las herramientas para cuando llegue el momento de solicitar su primer empleo dentro del área que estudió, el tenga la seguridad incluso de hablar sin nervios frente a una persona encargada de Recursos Humanos.

Conclusiones.

Al analizar las respuestas de los egresados de la Facultad de Ingeniería Tampico para darles el seguimiento de la situación actual en la que se encuentran, se llega a las siguientes conclusiones.

Se identifica la necesidad de un seguimiento profundo de acuerdo con lo observado en las encuestas, es darle la atención al egresado, no solamente en la parte de la inserción laboral, también darle un acompañamiento en su proceso de titulación y la actualización en su formación.

En primer lugar, una bolsa de trabajo apoyará a los egresados en la parte de optimizar tiempos al momento de buscar ofertas laborales en la zona, al tener un contacto interno en la FIT, los egresados tendrán las herramientas necesarias y la información actualizada sobre las ofertas laborales y todo los correspondiente para que puedan hacer el primer contacto. Sobre todo, el consolidar la relación con otras empresas para la empleabilidad de estos.

Es importante considerar que se debe considerar una base de datos actualizada de los egresados para un mayor control y seguimiento de diferentes generaciones, ya que para este estudio la población de los 100 encuestados fueron egresados de diferentes generaciones, en este caso sería importante porque este seguimiento se puede dar de manera específica a ciertas generaciones tomando en cuenta que del 2022 a la fecha se cuenta con 229 egresados de la carrera de Ingeniería Civil.

Cabe destacar que la propuesta de la ANUIES por renovar la educación en México, como lo menciona en la agenda 2030, existe un elemento que se puede considerar para aplicar en la Facultad de Ingeniería Tampico.

En base al objetivo específico 7 para el 2030. Señala el impulsar la educación continua como herramienta primordial para la actualización de los egresados de acuerdo con sus necesidades para obtener las habilidades que serán parte de sus competencias tanto en el sector público como en el privado. (ANUIES, 2018)

Es importante diseñar programas para egresados que desean fortalecer o actualizar sus conocimientos, tomando en cuenta áreas no solamente de la construcción, si no la parte de finanzas, aplicación de software.

De igual manera se debe considerar que el grado de satisfacción de los egresados se refleja en la encuesta en donde el 62% obtuvo su primer empleo en menos de 6 meses y un 18% entre los 6 meses y un año, esto refleja que los egresados están saliendo con las herramientas necesarias para la inserción laboral, sin embargo, existe un porcentaje que todavía no ha logrado encontrar un trabajo.

Dentro de las dificultades para encontrar trabajo se identifica que más allá de la experiencia laboral, también se detecta la falta de información y orientación sobre las empresas que están solicitando personal, en este caso se considera pertinente darles el apoyo a los egresados con la bolsa de trabajo interna para un mejor control y seguimiento.

Entonces se puede concluir que es importante consolidar una bolsa de trabajo para la carrera de IC, desarrollando las estrategias que apoyen al seguimiento del egresado en su primer contacto laboral y en la actualización de sus conocimientos.

Referencias Bibliográficas.

Asociación Nacional de Universidades e Instituciones de Educación Superior [ANUIES]. (2018). Visión y acción 2030. Propuesta de la ANUIES para renovar la educación superior en México. http://www.anuies.mx/media/docs/avisos/pdf/VISION_Y_ACCION_2030.pdf

Asociación Nacional de Universidades e Instituciones de Educación Superior [ANUIES]. (2017). Seguimiento de egresados de licenciatura. http://www.anuies.mx/noticias/impartir-la-anuies-curso-taller-en-lnea-de-seguimiento-de-egresados

Arrieta, T. W., & Andrés, d. l. (10 de 05 de 2010). Universidad Industrial de Santander. *Estudio de Seguimiento a Egresados del programa de Ingeniería Industrial de la Universidad de Santander.*

Consejo de Acreditación de la Enseñanza de la Ingeniería, A. Consultas a las acreditaciones históricas **https://cacei.org.mx/nv/nv02/nv0214.php?llave=998**

Consejo Nacional de Acreditación [CNA] (2020). Principios de la Acreditación https://www.cna.gov.co/1779/w3-article-402545.html?_noredirect=1

Facultad de Ingeniería Tampico. (s.f.) *Historia.* **https://fiuat.mx/historia/**

Fresán Orozco, M. (1998) Esquema básico para estudios de egresados. Colección Biblioteca de la Educación Superior, Serie Investigaciones, México, Dirección de Servicios Editoriales de la ANUIES.

Hernández-Sampieri, R., Fernández-Collado, C. y Baptista-Lucio, P. (2014). Selección de la muestra. En Metodología de la Investigación (6ª ed., pp. 170-191). México: McGraw-Hill.

Loaiza Morales, V y Murillo González, T. (2021). Seguimiento de egresados: situación laboral de los graduados del Programa de Negocios Internacionales de la Universidad Católica de Pereira. Universidad Católica de Pereira. Disponible en: https://repositorio.ucp.edu.co/entities/publication/439f9fea-cd1c-4c8a-8c8e-ec7a4d7e86d0

M.M. Medina, E. Mosconi, S. Albarracin, N. Coscarelli, L. Rueda y S. Irigoyen, Modelo para la evaluación y seguimiento de los egresados aplicado en la facultad de odontología de la UNLP, [en línea]. 2005. Disponible en: https://repositorio.ufsc.br/handle/123456789/96845

Murillo García, Favio, & Montaño Ulloa, Paulina Yolanda. (2018). Condiciones laborales de egresados de Instituciones de Educación Superior en México. *Revista electrónica de investigación educativa, 20*(3), 56-68. https://doi.org/10.24320/redie.2018.20.3.1644

Ramírez Domínguez, María de Jesús, Reséndiz Ortega, Marisela y Reséndiz Ortega, Martha Elva. Metodología De Seguimiento De Egresados Para Fortalecer La Vinculación De La Universidad Con La Sociedad (2017). Revista Global de Negocios, vol. 5, No. 3, págs. 99-111, 2017, disponible en SSRN: https://ssrn.com/abstract=2914540

Universidad Autónoma de Tamaulipas. Documento curricular. Ingeniero Civil, Reforma Curricular UAT 2023. Disponible https://www.uat.edu.mx/DocumentosCurriculares2023/INGENIERO%20CIVIL%20DC_RC%202023.pdf

Capítulo 6
Indicadores De Salud Para La Iniciativa Ciudades Emergentes Y Sostenibles Del BID En La Zona Sur De Tamaulipas.

Mónica Mongenyip Vela
José Francisco Cantú Dávila
Ángel Francisco Olivera Zura
Miguel Ángel Borjas Polanco

Indicadores De Salud Para La Iniciativa Ciudades Emergentes Y Sostenibles Del BID En La Zona Sur De Tamaulipas.

Resumen

Actualmente la implementación del ICES del Banco Interamericano de Desarrollo (BID) de investigaciones en salud en las ciudades de Altamira, Tampico y Ciudad Madero muestra la situación actual en estas áreas y trata de ignorar las ideas de desarrollo. Fundada en 2010, la Iniciativa de Ciudades para el Desarrollo Sostenible (ICES) se ocupa del rápido desarrollo de América Latina y el Caribe, centrándose en la sostenibilidad de las principales ciudades. El análisis de indicadores de salud muestra que la esperanza de vida promedio es de 74.7 años en la región sur de Tamaulipas, diferencia entre hombres (71.7 años) y mujeres (77.8 años). Aunque la tasa de mortalidad infantil ha disminuido, todavía es difícil, donde 12,7 niños mueren entre miles de niños menores de 5 años. El estudio también muestra que 163.210 personas no tienen acceso a servicios de salud y al desarrollo de médicos y camas de hospital. El ICES del BID tiene como objetivo evaluar y monitorear cuestiones clave a través de indicadores que evalúan la sostenibilidad urbana en áreas clave como el medio ambiente, el desarrollo urbano y el financiamiento de la seguridad. El proceso incluye las etapas de planificación, análisis, priorización y desarrollo de un plan de acción, para luego implementar y monitorear soluciones. El estudio muestra la necesidad de proyectos apoyados por el BID para mejorar las instalaciones de salud y aumentar la participación pública. El BID también apoya a nuevas ciudades para lograr un desarrollo equilibrado y sostenible, lo cual es esencial para enfrentar los desafíos del desarrollo urbano y la calidad de vida en la región.

Palabras claves: Salud, Altamira, Tampico, Madero, ICES, BID, Sostenibilidad, Indicadores

Introducción

El Banco Interamericano de Desarrollo (BID) crea la Iniciativa Ciudades Emergentes y Sostenibles (ICES) en 2010 a propósito al proceso vertiginoso y poco regulado de urbanización de la región de América Latina y el Caribe (ALC) y la consecuente necesidad de resolver los problemas de sostenibilidad que se dan en las ciudades intermedias de crecimiento rápido. El objetivo general es evaluar con relación al semáforo, la situación con el tema de salud de las ciudades de Altamira, Ciudad Madero y Tampico según los indicadores planteados en la metodología de ICES propuesta por el BID, con el fin de definir cómo se encuentran. Los objetivos específicos son: Obtener la información necesaria con la finalidad de valorar cuál es la situación de los indicadores respectivos. Para ello, se obtendrá la información necesaria directamente de los cuestionarios realizados a la comunidad contraída. Al obtener los resultados de cada una de las ciudades antes mencionada y a partir de los semáforos establecidos por el BID, se propone una propuesta de plan de acción. José de Escandón fundó Altamira el 2 de mayo de 1749 en honor al Marqués de Altamira. En 1828, cambiaron su nombre a Villerías, pero le cambiaron el nombre preponderante. De esta ciudad salieron las familias que fundaron Tampico en 1837. En cuanto a la importancia, Puerto de Altamira como uno de los diez mexicanos, ya que tiene casi tres décadas de existencia, comenzó a operar a mediados de 1985. Aunque solo utiliza el 15% de su territorio, lo que lo convierte en un puerto compacto, su infraestructura ha desarrollado el entorno del transporte marítimo y terrestre. Conectado a todas partes del país y a los países vecinos, Altamira también tiene una terminal de fluidos que apoya a las empresas químicas. Este puerto, como el de Magdalena y Tampico, se ocupa de cualquier daño al medio ambiente que puedan causar las empresas. También regula el crecimiento del puerto por intereses urbanos. La historia de Ciudad Madero, una de las principales capitales petroleras de México, está relacionada con Cecilia Villarreal, la primera pobladora y fundadora del municipio. Desde 1807, estableció su residencia en lo que después se conocería como Paso de Doña Cecilia. Tras la muerte de su esposo en 1815, Cecilia continuó con su trabajo y convirtió su casa en un lugar de actividad y descanso para los viajeros que recorrían el lugar. En 1829, su casa fue nuevamente escenario de batallas, ya que la población luchó para defender México del ataque de las tropas españolas. Con el tiempo, el asentamiento creció y se convirtió en la Villa Cecilia, renombrada como Cd. Madero en 1930 para honrar a Francisco I. Madero. La economía de la ciudad se basa en la producción de petróleo, que ha sido la fuerza detrás de su crecimiento y desarrollo urbanístico. Aunque el turismo no es su característica principal, la playa Miramar tiene un gran potencial turístico. Entre 1999 y 2007, la infraestructura de los hoteles creció notablemente, lo que refleja un aumento del interés en el turismo en la región, aun así no es un aspecto importante de la economía local. La historia de Tampico es compleja y cuenta con cinco diferentes versiones de la ciudad. El "Tampico indígena" fue un poblado huasteco ubicado cerca del río Pánuco, lo que hoy en día es Ciudad Cuauhtémoc. La

"Villa de San Luis de Tampico" fue fundada en 1554 lo sufrió varios ataques piratas, lo que provocó que sus habitantes emigraran y fundaran "Tampico Joya" en Veracruz. En 1754 el Coronel José de Escandón fundó la Villa de San Luis de Tampico en lo que hoy en día es Tampico Alto. En 1823, la ciudad de Tampico fue fundada con el nombre "Santa Anna Tampico", en honor a Antonio López de Santa Anna, el nombre de la ciudad fue cambiado después del Plan de Ayutla. Hoy es uno de los puertos más grandes de México y uno de los principales de la costa este; es especialmente notable por exportar minerales, petroquímicos, y madera. El puerto dispone de dos terminales públicas, seis privadas y varios patios para la construcción de plataformas, y una de las flotas que más países cubre, con más de cien líneas navieras regulares. Las ciudades más grandes enfrentan crisis económicas y poblacionales, lo que puede provocar la desaceleración del crecimiento y el declive general de su entorno debido a la contaminación, inseguridad, tráfico y otros factores. A diferencia de las megaciudades, las llamadas "ciudades emergentes" parecen ser populares en los próximos años y atraerán a las personas con nuevas oportunidades laborales y unas viviendas más asequibles. Esto significa que la tarea clave será crecer de manera responsable, teniendo en cuenta la sostenibilidad urbana y ambiental. El BID seguirá apoyando a los estados y ciudades emergentes a lo largo de los próximos 5 0 años.

Dimensiones		
Sostenibilidad ambiental y cambio climático	Desarrollo urbano sostenible	Sostenibilidad fiscal y de gobierno
• Manejo del medio ambiente y consumo de recursos	• Control del crecimiento y hábitat humano adecuado	• Mecanismos adecuados de gobierno

• Reducción de vulnerabilidades y adaptación al cambio climático • Mitigación de GEI, polución y promoción de fuentes alternativas de energía	• Promoción de un transporte urbano sostenible • Promoción de la competitividad y un desarrollo económico local sostenible • Provisión de servicios sociales y seguridad ciudadana	• Manejo adecuado de ingresos • Manejo adecuado del gasto público • Manejo adecuado de la deuda y obligaciones fiscales (Banco Interamericano de Desarrollo, 2014)

Enfoque Teórico (Desarrollo)

El Banco Interamericano de Desarrollo fue fundado en 1959 y es la principal fuente de financiamiento multilateral para el desarrollo de América Latina y el Caribe. Su propósito es fomentar el desarrollo económico, social, institucional y ambiental de la región. Durante más de 50 años, el BID ha sido un socio de confianza para los países de la región, otorgando financiamiento para proyectos de infraestructura, energía sostenible, acceso a agua potable, y programas sociales que buscan mejorar la calidad de vida y reducir la pobreza. Aunque la mayor parte de los préstamos del BID se otorgan al sector público, también se hace énfasis en el crecimiento privado. El BID se distingue por ofrecer una combinación de recursos financieros, conocimientos y productos para fortalecer las capacidades de sus clientes, con términos y condiciones favorables. El BID ha sido una institución innovadora, respondiendo a los desafíos del desarrollo sostenible en un entorno de estabilidad social y gobernabilidad. Ha destacado en particular a las ciudades emergentes, la cual es un tipo de área urbana intermedia en términos de población, que muestra desarrollo económico y demográfico sostenido en un período alcanzable. Aunque son más pequeñas que las grandes metrópolis, las ciudades emergentes influyen fuertemente en el desarrollo de sus países: producen alrededor del 30% del Producto Interno Bruto en la región en América Latina y el Caribe.

Las ciudades en desarrollo se enfrentan al desafío de alcanzar un crecimiento sustentable sin repetir los errores comunes de las grandes metrópolis como la sobrepoblación y la contaminación ambiental además de los elevados costos asociados al aglutinamiento urbano masivo. Gracias a su tamaño intermedio estas ciudades todavía tienen la oportunidad de aprovechar beneficios económicos derivados de su escala más manejable y controlar el crecimiento de gastos lo que les permite aumentar su eficiencia general e implementar medidas más efectivas en términos de sustentabilidad urbana. Si las ciudades intermedias logran un crecimiento constante y una mejora en la calidad de vida de sus habitantes, podrá disminuirse la presión sobre las grandes metrópolis, facilitando así que estas aborden de manera más eficiente sus desafíos económicos y sociales.

El procedimiento de valoración del Banco Interamericano de Desarrollo (BID) para iniciativas en urbes en crecimiento se estructura en dos fases distintas, siendo la primera orientada hacia la elaboración del Plan de Acción y la segunda centrada en su implementación. A continuación, se detalla minuciosamente cada una de estas etapas:

Primera etapa: Desarrollo del Plan de Acción				
Fase	0 –Preparación	1 – Análisis y diagnóstico	2 – Priorización	3 – Plan de Acción
Objetivo	Establecer las bases del proyecto	Identificar los problemas y necesidades de la ciudad.	Identificar las áreas críticas para la sostenibilidad de la ciudad	Definir estrategias y acciones para mejorar las áreas priorizadas

Acción	Conformar equipos de trabajo de instituciones clave. Recopilar información sobre indicadores relevantes. Identificar actores locales con potencial para participar en el monitoreo ciudadano. Definir una visión general de la ciudad.	Organizar reuniones entre el BID, funcionarios locales, agencias nacionales y otros actores clave (ONG, universidades, cámaras de comercio). Realizar un diagnóstico general de los problemas de la ciudad a través de estos encuentros.	Se utilizan cuatro criterios o "filtros" para priorizar temas: 1. Valoración por la ciudadanía. 2. Impacto económico. 3. Relación con el cambio climático (mitigación y adaptación). 4. Interrelación con otros sectores. Se asignan puntuaciones de 1 a 5 a cada tema y se priorizan aquellos con mayores puntajes para definir las intervenciones.	Se realiza un análisis detallado de las áreas con más alta prioridad. Se identifican oportunidades, riesgos y fuentes de financiamiento.

Segunda etapa: Ejecución		
Fase	4 – Pre-inversión	5 – Monitoreo
Objetivo	Realizar estudios previos para las intervenciones propuestas	Implementar un sistema de monitoreo ciudadano
Acción	Llevar a cabo estudios de pre-inversión a nivel de pre-factibilidad o factibilidad para proyectos de infraestructura, ya sean tangibles (infraestructura dura) o intangibles (infraestructura blanda).	Establecer un sistema para medir el progreso de la ciudad en términos de sostenibilidad. Este sistema puede ser nuevo o fortalecer uno ya existente y debe ser gestionado por una organización independiente de la sociedad civil. La participación ciudadana es clave en el seguimiento de las intervenciones.

El Banco Interamericano de Desarrollo ha implementado una serie de medidas en el marco de la Iniciativa de Ciudades

Emergentes y Sostenibles para asistir a las ciudades en la identificación y priorización de problemas cruciales mediante el desarrollo de soluciones innovadoras y accesibles. A través de estos mecanismos de evaluación establecidos por la ICES se analiza el desempeño urbano y se instaura un sistema de supervisión ciudadana que facilita el seguimiento de los resultados y metas establecidas.

Función de los indicadores: los indicadores no están diseñados para hacer comparar de casos detallados entre una ciudad y otra misma, sino para ofrecer los ojos de la población. No se trata de proporcionar un diagnóstico exhaustivo de cada tema, sino de indicar en qué se ha ido a la quiebra más o menos a fondo y hasta qué punto eso hecho le preocupa al problema y, por lo tanto, se priorizan las acciones.

Los indicadores no están destinados a permitir que se tome una ciudad y se compara minuciosamente con otra, sino para identificar las áreas críticas que necesitan atención y priorización. No pretenden proporcionar un análisis completo de todos los sectores disponibles, sino identificar cuáles son los problemas "rojos brillantes" y la gravedad de la situación para informar las decisiones de intervención.

Una vez que el consejo haya determinado los resultados deseados, se seleccionarán los indicadores más relevantes para monitorear esas metas. El seguimiento de estos indicadores puede aumentar la conciencia y fomentar la participación comunitaria en la gestión de la ciudad, asegurando que los cambios y las mejoras se mantengan en el largo plazo.

Los indicadores en ICES brindan tres características importantes:

- Integralidad: El conjunto de indicadores estándar cubre una amplia gama de programas que brindan una visión integral de los problemas urbanos. Esto les

ayudará a decidir qué proyectos debería implementar el gobierno.
- Objetividad: Las métricas proporcionan un análisis objetivo que se centra en cuestiones críticas. Aunque la opinión pública y las perspectivas locales pueden tener un impacto, las bases de datos objetivas pueden ayudar a respaldar las decisiones técnicas.
- Comparación: Esta medida nos permite comparar el desempeño de la ciudad a lo largo del tiempo con otras ciudades. Esto ayuda a medir si las condiciones están mejorando o empeorando, proporcionando una evaluación precisa de los cambios a lo largo del tiempo.

ICES utiliza la Iniciativa Global de Indicadores de Ciudades (GCIF) como base para el desarrollo de indicadores adaptados al contexto de América Latina y el Caribe (ALC). GCIF crea conciencia sobre sus políticas y programas al permitir que nuevas ciudades de la región comparen su desempeño con otras ciudades similares.

La selección de los indicadores del CIEM se basa en características como la representatividad, la universalidad, la facilidad de recopilación y los objetivos. Estos estándares garantizan que los indicadores sean apropiados y aplicables a todas las ciudades nuevas de América Latina y el Caribe y puedan medirse y actualizarse fácilmente sin altos costos ni apoyo especial.

- Representatividad: Los indicadores deben relacionarse con cuestiones importantes de seguridad e identificar cuestiones importantes para mejorar la calidad de vida.
- Universalidad: Los indicadores deben ser relevantes para cada nueva ciudad; Esto significa que incluso

si los datos no están disponibles de inmediato, se pueden utilizar en toda la región.
- Facilidad de recopilación: Los indicadores deben ser fáciles de recopilar a partir de datos existentes, registros públicos o investigaciones publicadas. Esto facilita no sólo el diagnóstico inicial sino también las actualizaciones periódicas, lo que permite a la ciudad monitorear su progreso sin costo adicional.
- Objetividad y Claridad: Las mediciones deben ser precisas, bien definidas y fáciles de entender. Este propósito garantiza que los datos recopilados puedan ser copiados y analizados por una persona u organización.

ICES utiliza un sistema de clasificación teórica para medir el desempeño. El uso de una combinación de colores (por ejemplo, verde para áreas que no son problemáticas y rojo para áreas críticas) puede ayudar a identificar áreas que requieren intervención. Los valores de consumo se basan en promedios regionales, estándares internacionales y estadísticas de las principales ciudades de América Latina y el Caribe. Este enfoque equilibra los entornos regionales con los estándares internacionales, creando un marco unificado que respalda las comparaciones entre las condiciones en diferentes ciudades

La Fase 1 de la Iniciativa de Ciudades Emergentes Sostenibles (ICES) del Banco Interamericano de Desarrollo (BID) llevará a cabo un análisis integral de los indicadores de sostenibilidad relacionados con la salud. Este proceso incluye la recopilación, análisis e interpretación de indicadores ICES para identificar problemas de sostenibilidad urbana. Hacemos esto recopilando información de una variedad de fuentes y utilizando métodos simples que nos permiten evaluar los datos con precisión. Fichas de datos del CIEM completadas a partir de diversas fuentes primarias (recopiladas directamente por grupo), información secundaria o de terceros. La última son entrevistas a expertos del sector y de los datos municipales, las fuentes y edades de cada dato y los métodos utilizados para calcular los valores. Además, se señalan limitaciones de los datos, como el uso de variables proxy y promedios nacionales. Las principales fuentes de información sobre indicadores son encuestas municipales, estadísticas, empresas de servicios públicos y organismos internacionales. También puede aprovechar la investigación educativa realizada en la ciudad por las universidades de la ciudad. Algunas ciudades, donde esta información es limitada, deben contratar consultores profesionales (propietarios o planificadores urbanos) para completar los puntos de referencia. En muchas ciudades puede llevar algún tiempo recopilar esta información, por lo que recomendamos comenzar lo antes posible.

Una vez completada la recogida de datos, se comparan los puntos con las listas (y puntos) establecidas por el BID. Estos puntos de referencia son de dos tipos:

- Metodología de referencia: basada en discusiones con expertos de la industria y consistente con la visión del BID para la región.
- Puntos de referencia regionales: para indicadores específicos, como indicadores financieros, se comparan con ciudades del mismo país que tienen modelos similares, como modelos basados en instituciones u organizaciones financieras. Iluminación dinámica de símbolos

La herramienta principal para interpretar los resultados es el proceso de iluminación dinámica, que agrupa las señales en tres rangos de colores según el nivel de rendimiento.

- Verde: La señal está dentro de los parámetros esperados.
- Amarillo: la señal está retrasada.
- Rojo: La señal está en grave peligro.

Esta función de semáforo ayuda a comprender el estado de cada indicador de estabilidad, así como una comprensión rápida de qué tan cerca o lejos están los valores observados del rango óptimo para el área.

Ejemplo de indicadores y puntos de referencia en el tema de agua

#	Temas	#	Subtemas	#	Indicador	Descripción	Unidad de medida	Verde	Amarillo	Rojo
1	Agua	1	Cobertura de agua	1	Porcentaje de hogares con conexiones domiciliarias de agua por red	Porcentaje de hogares con conexiones domiciliarias de agua por red	Porcentaje	90-100%	75-90%	<75%
		2	Eficiencia en el uso del agua	2	Consumo anual de agua per cápita	Consumo anual de agua per cápita de las viviendas que tienen una conexión de agua	L/persona/día	120-200	80-120 y 200-250	<80 y >250
		3	Eficiencia en la prestación de servicios de agua	3	Continuidad del servicio de agua	Horas al día con servicio continuo	hrs/día	>20 hrs/día	12-20 hrs/día	<12 hrs/día
				4	Calidad de agua	Porcentaje de muestras de agua en un año que cumplen con las normas nacionales de calidad de agua potable	Porcentaje	97%	90-97%	<90%
				5	Agua no contabilizada	(Agua producida menos agua facturada)/Agua producida	Porcentaje	0-30%	30-45%	>45%
		4	Disponibilidad de recursos hídricos	6	Número de años remanente con balance de agua positivo	Número de años remanente con balance de agua positivo, considerando oferta de agua disponible (teniendo en cuenta ciclos hidrológicos) y la demanda de agua (usos proyectados, incluyendo población, sector industrial, caudales ecológicos, etc.)	Años	>10	5-10	<5

Fuente: Guía metodológica del ICES del BID

Los temas que tienen asignado el color verde reciben un puntaje de 1 (prioridad baja), los temas que tienen asignado el color amarillo reciben un puntaje de 3 (prioridad media) y los temas que tienen asignado el color rojo reciben un puntaje de 5 (prioridad alta).

Ejercicio de semáforos

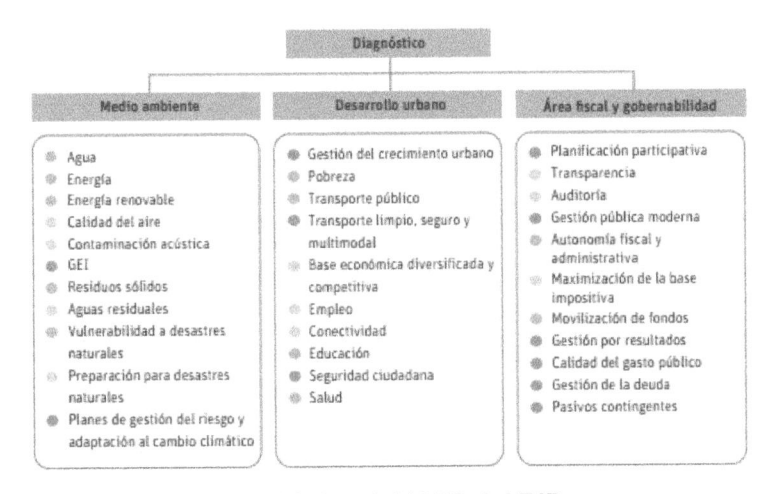

Diagnóstico

Medio ambiente	Desarrollo urbano	Área fiscal y gobernabilidad
• Agua • Energía • Energía renovable • Calidad del aire • Contaminación acústica • GEI • Residuos sólidos • Aguas residuales • Vulnerabilidad a desastres naturales • Preparación para desastres naturales • Planes de gestión del riesgo y adaptación al cambio climático	• Gestión del crecimiento urbano • Pobreza • Transporte público • Transporte limpio, seguro y multimodal • Base económica diversificada y competitiva • Empleo • Conectividad • Educación • Seguridad ciudadana • Salud	• Planificación participativa • Transparencia • Auditoría • Gestión pública moderna • Autonomía fiscal y administrativa • Maximización de la base impositiva • Movilización de fondos • Gestión por resultados • Calidad del gasto público • Gestión de la deuda • Pasivos contingentes

Fuente: Guía metodológica del ICES del BID

Metodología

La metodología de la investigación es una rama del conocimiento que se ocupa de desarrollar, definir y organizar el conjunto de técnicas, métodos y procedimientos necesarios para llevar a cabo una investigación y generar conocimiento. Esta metodología guía el enfoque de la investigación y la manera en que se recogerán, analizarán y clasificarán los datos, con el propósito de garantizar que los resultados sean válidos, relevantes y cumplan con los estándares científicos requeridos. En este sentido, la metodología también representa la sección de un proyecto de investigación en la que se presentan y justifican los criterios utilizados para seleccionar la metodología, ya sea cuantitativa o cualitativa. (7graus, 2016). Con base en los objetivos planteados, se seleccionó un estudio adecuado como estudio multisectorial.

Este método ayudará a recopilar información y verificar valores relacionados con indicadores de salud en la región sur de Tamaulipas y presentarlos en datos estadísticos para aumentar la precisión. n términos generales, los enfoques cuantitativo y cualitativo son paradigmas de la investigación científica.

Ambos utilizan métodos cuidadosos, sistemáticos y empíricos para generar conocimiento y siguen, en esencia, cinco fases interrelacionadas (grinnell, 1997):

1. Observan y evalúan fenómenos.
2. Formulan suposiciones o ideas basadas en las observaciones y evaluaciones.
3. Validan el grado de fundamento de estas suposiciones o ideas.
4. Revisan las suposiciones o ideas en función de las pruebas o análisis realizados.
5. Proponen nuevas observaciones y evaluaciones para aclarar, ajustar y respaldar las suposiciones o ideas, o para generar nuevas.

Este estudio es un estudio descriptivo, es decir, busca describir los signos de signos que existen en el sur de Tamaulipas. La investigación se realizó en un período determinado (de febrero a septiembre de 2016) en la zona mencionada. La recolección de datos se realizó en hospitales de Altamira, Ciudad Madero y Tampico. De manera general, la metodología ICES del Banco Interamericano de Desarrollo (2014) se divide en seis fases agrupadas en dos etapas. La primera etapa implica una evaluación rápida de la realidad urbana y se compone de cuatro fases, concluyendo con la creación de un Plan de Acción para la sostenibilidad de la ciudad. Este plan incluye propuestas específicas para intervenir en las áreas críticas identificadas, y la etapa suele completarse en aproximadamente un año. Dado que la metodología del banco de desarrollo solo requiere de indicadores de salud mismo que han sido definidos anteriormente, siendo dichos indicadores los siguientes:

Nivel de salud

a) Esperanza de vida al nacer
b) Esperanza de vida al nacer masculina
c) Esperanza de vida al nacer femenina
d) Tasa de mortalidad de niños menores de 5 años

Provisión de servicios de salud

e) Médicos cada 100,000 habitantes
f) Camas de hospital cada 100,00 habitantes

Resultados

Nivel de salud

Esperanza de vida al nacer en Tamaulipas

De acuerdo al Instituto Nacional de Estadística y Geografía (INEGI, se obtiene la siguiente información respecto a la Esperanza de vida al nacer en Tamaulipas.

Por lo que se concluye que en la Esperanza de vida al nacer en las ciudades de Altamira, Tampico y Ciudad Madero tienen como promedio 74.7 del estado de Tamaulipas.

Esperanza de vida al nacer masculina en Tamaulipas

De acuerdo al Instituto Nacional de Estadística y Geografía (INEGI, se obtiene la siguiente información respecto a la Esperanza de vida al nacer masculina en Tamaulipas.

Por lo que se concluye que en la Esperanza de vida al nacer masculina es 71.7 en las ciudades de Altamira, Tampico y Ciudad Madero tienen como promedio el del estado de Tamaulipas

Esperanza de vida al nacer femenina en Tamaulipas

De acuerdo al Instituto Nacional de Estadística y Geografía (INEGI) se obtiene la siguiente información respecto a la Esperanza de vida al nacer femenina en Tamaulipas.

Por lo que se concluye que en la Esperanza de vida al nacer femenina 77.8 en las ciudades de Altamira, Tampico y Ciudad Madero tienen como promedio el del estado de Tamaulipas.

Tasa de mortalidad de niños menores de 5 años en Tamaulipas

De acuerdo al Instituto Nacional de Estadística y Geografía (INEGI) se obtiene la siguiente información respecto a la mortalidad de niños menores de 5 años en Tamaulipas. Por lo que se concluye que la tasa de mortalidad de niños 12.7 menores de 5 años en las ciudades de Altamira, Tampico y Ciudad Madero tiene como promedio el del estado de Tamaulipas.

Provisión de servicios de salud
Derechohabientes a servicios de salud

De acuerdo a él (INEGI, 2015) en la recopilación de los datos presentados en el Anuario estadístico y geográfico de Tamaulipas 2015, se obtuvieron los siguientes datos respecto a la provisión de servicios de salud en Altamira.

PROVISIÓN DE SERVICIOS DE SALUD							
ALTAMIRA Población total por municipio según condición de derechohabiencia a servicios de salud Al 12 de junio de 2010							
Total: 212 001	No derecho-habiente: 53 765						Subtotal:154 466
IMSS	ISSSTE	ISSSTE Estatal	PEMEX, SEDENA o SEMAR	Seguro Popular	Institución privada	otra institución	No especificado
87 537	6499	276	5479	49862	1278	4776	3 770

De acuerdo a él (INEGI, 2015) en la recopilación de los datos presentados en el Anuario estadístico y geográfico de Tamaulipas 2015, se obtuvieron los siguientes datos respecto a la provisión de servicios de salud en Tampico.

PROVISIÓN DE SERVICIOS DE SALUD TAMPICO Población total por municipio según condición de derechohabiencia a servicios de salud							
Al 12 de junio de 2010							
Total: 297 554			No derecho-habiente: 69 341			Subtotal: 218 548		
IMSS	ISSSTE	ISSSTE Estatal	PEMEX, SEDENA o SEMAR	Seguro Popular	Institución privada	otra institución	No especificado
131 338	19 307	857	17 894	41 375	7 628	3 892	9 665

De acuerdo a él (INEGI, 2015) en la recopilación de los datos presentados en el Anuario estadístico y geográfico de Tamaulipas 2015, se obtuvieron los siguientes datos respecto a la provisión de servicios de salud en Ciudad Madero.

PROVISIÓN DE SERVICIOS DE SALUD CD. MADERO Población total por municipio según condición de derechohabiencia a servicios de salud							
Al 12 de junio de 2010							
Total:197 216			No derecho-habiente: 40 104			Subtotal:151 154		
IMSS	ISSSTE	ISSSTE Estatal	PEMEX, SEDENA o SEMAR	Seguro Popular	Institución privada	otra institución	No especificado
66 548	13 552	342	39 675	28 134	2814	2631	5958

De acuerdo a él (INEGI, 2015) en la recopilación de los datos presentados en el Anuario estadístico y geográfico de Tamaulipas 2015, se obtuvieron los siguientes datos respecto a la población derechohabiente de las instituciones del sector público de salud en el Municipio de Altamira.

PROVISIÓN DE SERVICIOS DE SALUD				
Población derechohabiente de las instituciones del sector público de salud por municipio de residencia habitual del derechohabiente según institución Al 31 de diciembre de 2014				
ALTAMIRA				
Total: 145 223				
IMSS	ISSSTE	PEMEX	SEDENA	SEMAR
130 997	10 019	4 207	ND	0

    De acuerdo a él (INEGI, 2015) en la recopilación de los datos presentados en el Anuario estadístico y geográfico de Tamaulipas 2015, se obtuvieron los siguientes datos respecto a la población derechohabiente de las instituciones del sector público de salud en el Municipio de Tampico.

PROVISIÓN DE SERVICIOS DE SALUD				
Población derechohabiente de las instituciones del sector público de salud por municipio de residencia habitual del derechohabiente según institución Al 31 de diciembre de 2014				
TAMPICO				
Total: 151 554				
IMSS	ISSSTE	PEMEX	SEDENA	SEMAR
75 596	44 046	16 843	ND	15 069

    De acuerdo a él (INEGI, 2015) en la recopilación de los datos presentados en el Anuario estadístico y geográfico de Tamaulipas 2015, se obtuvieron los siguientes datos respecto a la población derechohabiente de las instituciones del sector público de salud en el munipio de Ciudad Madero.

PROVISIÓN DE SERVICIOS DE SALUD				
Población derechohabiente de las instituciones del sector público de salud por municipio de residencia habitual del derechohabiente según institución Al 31 de diciembre de 2014				
CD. MADERO				
Total: 317 605				
IMSS	ISSSTE	PEMEX	SEDENA	SEMAR
242 484	29 805	45 316	ND	0

Personal médico de las instituciones del sector público de salud

De acuerdo a él (INEGI, 2015) en la recopilación de los datos presentados en el Anuario estadístico y geográfico de Tamaulipas 2015, se obtuvieron los siguientes datos respecto al personal médico de las instituciones del sector público de salud en el municipio de Altamira.

PROVISIÓN DE SERVICIOS DE SALUD
Personal médico de las instituciones del sector público de salud por municipio según institución
Al 31 de diciembre de 2014

ALTAMIRA

Total: 198

IMSS	ISSSTE	PEMEX	SEDENA	SEMAR	IMSS/ PROSPERA	SECRETARIA DE SALUD EN TAMAULIPAS
66	6	12	ND	0	3	115

De acuerdo a él (INEGI, 2015) en la recopilación de los datos presentados en el Anuario estadístico y geográfico de Tamaulipas 2015, se obtuvieron los siguientes datos respecto al personal médico de las instituciones del sector público de salud en el municipio de Tampico.

PROVISIÓN DE SERVICIOS DE SALUD
Personal médico de las instituciones del sector público de salud por municipio según institución
Al 31 de diciembre de 2014

TAMPICO

Total: 592

IMSS	ISSSTE	PEMEX	SEDENA	SEMAR	IMSS/ PROSPERA	SECRETARIA DE SALUD EN TAMAULIPAS
50	147	18	ND	35	0	342

De acuerdo a él (INEGI, 2015) en la recopilación de los datos presentados en el Anuario estadístico y geográfico de Tamaulipas 2015, se obtuvieron los siguientes datos respecto al personal médico de las instituciones del sector público de salud en el municipio de Ciudad Madero.

PROVISIÓN DE SERVICIOS DE SALUD Personal médico de las instituciones del sector público de salud por municipio según institución Al 31 de diciembre de 2014							
CD. MADERO							
Total: 1092							
IMSS	ISSSTE	PEMEX	SEDENA	SEMAR	IMSS/ PROSPERA	SECRETARIA DE SALUD EN TAMAULIPAS	
639	1	266	ND	0	0	186	

Médicos disponibles cada 1000 habitantes en Tamaulipas

De acuerdo la (secretaria de salud, 2011), se obtiene la siguiente información respecto a la cantidad de Médicos disponibles cada 1000 habitantes en Tamaulipas.

Por lo que se concluye que la cantidad de camas de hospital cada 1000 habitantes en las ciudades de Altamira, Tampico y Ciudad Madero tienen como promedio el del estado de Tamaulipas.

MÉDICOS CADA 1000 HABITANTES
2.35 Médicos disponibles cada 1000 habitantes

Camas de hospital cada 1000 habitantes en Tamaulipas

De acuerdo la (secretaria de salud, 2011), se obtiene la siguiente información respecto a la cantidad de camas de hospital cada 1000 habitantes en Tamaulipas.

Por lo que se concluye que la cantidad de camas de hospital cada 1000 habitantes en las ciudades de Altamira, Tampico y Ciudad Madero tienen como promedio el del estado de Tamaulipas.

CANTIDAD DE CAMAS DE HOSPITAL CADA 1000 HABITANTES
1.0 Camas de hospital disponibles

Conclusión

En la zona sur de Tamaulipas está avanzando en salud, pero persisten brechas importantes en equidad y acceso a servicios. Es necesario fortalecer los sistemas de salud, invertir en programas de prevención y promoción de la salud y garantizar que todos los residentes tengan acceso a una atención médica de calidad. El Banco Interamericano de Desarrollo (BID) y la Organización Panamericana de la Salud (OPS) reconocen la importancia de abordar estos temas y brindar apoyo técnico y financiero a los países de la región para mejorar la salud de su gente. Análisis de indicadores de salud en Altamira, Tampico y Ciudad Madero revela información importante sobre el estado de salud de la región sur de Tamaulipas. La esperanza de vida al nacer en estas ciudades es de 74.7 años, con importantes diferencias de género: 71.7 años para los hombres y 77.8 años para las mujeres. Aunque esta cifra refleja avances en materia de salud, la reducción de la mortalidad infantil sigue siendo un problema mundial importante: 12.7 muertes por cada 1,000 nacimientos menores de 5 años en la región indican actualmente una disminución continua de la mortalidad infantil en 1990. En términos de acceso a servicios de salud, aproximadamente 163,210 ciudadanos no tienen acceso a ningún tipo de atención médica. A pesar de un aumento en el número de trabajadores formales, 2.35 por cada 1,000 habitantes en comparación con 2010, y un promedio de 1.0 camas de hospital por cada 1,000 habitantes, existe una necesidad urgente de mejorar la prestación de servicios de salud. El Banco Interamericano de Desarrollo (BID) trabaja para promover la equidad social y el crecimiento sostenible en América Latina y el Caribe, apoyando programas para mejorar la salud pública proporcionando recursos y asociándose con organizaciones como Organización Americana de la Salud (OPS). Con base en estos esfuerzos, se propone implementar proyectos apoyados por el Banco Interamericano de Desarrollo que contribuyan al desarrollo de la región sur de Tamaulipas, especialmente en el mejoramiento de infraestructura y prestación de servicios de salud. El principal objetivo de este estudio es promover mejoras significativas en el estado de salud en la región, lo que requerirá importantes inversiones en el sector salud. Explorar oportunidades de financiamiento extranjero podría ser una estrategia clave para mejorar los resultados de salud en el sur de Tamaulipas.

Bibliografías

7graus. (2016). *Significados*. Obtenido de http://www.significados.com/

Banco Interamericano de Desarrollo. (2013). *GetDocument*. Obtenido de http://idbdocs.iadb.org/wsdocs/getdocument.aspx?docnum=35752519

Banco Interamericano de Desarrollo. (2014). *Guía metodológica Iniciativa Ciudades Emergentes y Sostenibles* (2da ed.).

Carlos Oropeza. (2013). Instituto Nacional de Salud Pública. *Encuesta Nacional de Salud y Nutrición 2012. Resultados por entidad federativa,* 112.

Colegio de Bachilleres. (2000). *Ciencias de la salud I.* Mexico, DF.
Construdata. (2012). *Construdata.* Obtenido de http://www.construdata.com/Bc/Construccion/Noticias/sabe_que_es_una_ciudad_emergente.asp
Fundacion MAPFRE. (2010). En u. Giedon, M. villar, & A. Avila, *Los sistemas de salud en latinoamerica y el papel del seguro privado* (pág. 341). Madrid, España: MAPFRE.
Gobierno del Estado de Tamaulipas. (2011). *todos por tamaulipas.* Obtenido de http://tamaulipas.gob.mx/tamaulipas/municipios/tampico/
Gobierno del Estado de Tamaulipas. (2011). *Todos por Tamaulipas.* Obtenido de http://tamaulipas.gob.mx/tamaulipas/municipios/madero/
Gobierno Municipal de Altamira. (2013). *Altamira "Fortaleza de Tamaulipas".* Obtenido de http://www.altamira.gob.mx/tierraquecautiva-industria.html
H. Ayuntamiento de Altamira. (2013). *enciclopedia de los municiopios y delegaciones de mexico.* Obtenido de http://www.inafed.gob.mx/work/enciclopedia/EMM28tamaulipas/municipios/28003a.html
INAFED. (2016). *Enciclopedia de los municipios y delegaciones de Mexico.* Obtenido de http://www.inafed.gob.mx/work/enciclopedia/EMM30veracruz/municipios/30133a.html
INAFED. (2016). *Enciclopedia de los municipios y delegaciones de Mexico.* Obtenido de http://www.inafed.gob.mx/work/enciclopedia/EMM30veracruz/municipios/30123a.html
INEGI. (2015). Anuario estadístico y geográfico de Tamaulipas 2015. Tamaulipas.
INEGI. (2015). *Banco de informacion INEGI.* Obtenido de http://www3.inegi.org.mx/sistemas/biinegi/

Instituto Nacional de Salud Publica. (2013). *Encuesta Nacional de Salud y Nutricion. Rsultados por entidad Federativa. Tamaulipas.* Cuernavaca, Morelos, Mexico.

OCEDE. (2005). *Estudio de la OCDE sobre los sistemas de salud en Mexico.* Mexico.

Organizacion Panamericana de la Salud. (2002). *la elaboración y divulgación de derechos de los pacientes y de códigos de ética de enfermeras y médicos, así como el otorgamiento de apoyos técnicos y financieros federales a proyectos locales que apuntan a mejorar la calidad asistencial.*

Organización Panamericana de la Salud. (2006). Analisis del sector salud. En *Análisis del sector salud: una herramienta para viabilizar la formulación de* (págs. 155-158). Washington, D.C.

R. AYUNTAMIENTO DE CD. MADERO, TAM. (s.f.). *Secretaria de desarrollo urbano y medio ambiente.* Obtenido de http://seduma.tamaulipas.gob.mx/wp-content/uploads/2011/11/Programa_municipal_madero.pdf

Secretaria de Comunicaciones y Transportes. (2012). *Administración Portuaria Integral de Tampico.* Obtenido de http://www.puertodetampico.com.mx/quienes-somos

Capítulo 7
Rediseño de un proceso de venta en empresas de servicios industriales.

José Raúl Valenzuela Fernández
Rodolfo Barragán Ramírez
Mónica Dhube Aguilar Rodríguez
Julio Cesar Barrientos Cisneros

Rediseño de un proceso de venta en empresas de servicios industriales.

Antecedentes.

Rapcollins (2009) nos dice que, durante el proceso de ventas, ya sea de productos o servicios (y más aún en el área de servicios, por la intangibilidad de estos mismos), el departamento de ventas debe tener como principal función planear, ejecutar y controlar las actividades generales del proceso, por lo que se debe dar seguimiento y control continuo a sus actividades. A pesar de esas necesidades, muchas empresas tienen procesos de control inadecuados. Las pequeñas empresas tienen menos controles que las grandes, estas últimas realizan un trabajo más eficiente para fijar claramente objetivos y establecer sistemas para medir la eficiencia de ventas.

Menos de la mitad de las compañías conocen las utilidades de sus productos o servicios individuales. Una tercera parte de las empresas no tienen procesos regulados de revisión para localizar y eliminar productos o servicios débiles o sin diferenciadores ante sus competidores. Por otra parte, casi la mitad de las compañías no consiguen comparar sus precios con los de la competencia, analizar las causas de un fracaso en la venta de servicios y más aun, la capacidad de analizar por que eligieron a la competencia en la contratación de servicios o productos similares.

Las metas de cualquier empresa u organización deben derivarse de su misión. Las organizaciones de mayor éxito establecen sus misiones por escrito. La misión es un punto de vista, o visión, a largo plazo de aquello en lo que la organización desea convertirse.

Ahora bien, ¿Qué tiene que ver la misión con el seguimiento de las ventas? La misión constituye la regla con la que se va a medir si la empresa está cumpliendo o no con sus objetivos. Cuando una empresa pierde de vista su misión es posible que desvirtué sus objetivos y en muchos de los casos vaya directo al fracaso o por lo menos el producto o servicio en cuestión. Por esto resulta imprescindible la declaración de la misión de manera clara y sencilla.

Las ventas constituyen un área en la que la rápida adolescencia de los objetivos, políticas, estrategias y programas es una posible constante. Cada compañía debe evaluar con regularidad su enfoque estratégico hacia el mercado.

Normalmente, el seguimiento al proceso de ventas se inicia sólo después de que las mismas bajan, cae la moral del personal o en la empresa han surgido problemas financieros. Por irónico que parezca, las compañías entran en crisis porque no revisan sus operaciones de ventas durante las épocas de "vacas gordas". Un seguimiento al proceso de ventas periódica puede beneficiar a las compañías. El seguimiento debe iniciar con una junta entre los ejecutivos de las compañías para llegar a un acuerdo acerca de los objetivos, se prepara cuidadosamente un plan detallado respecto a quien debe entrevistarse, las preguntas que deben realizarse y lugar de contacto.

Muchas compañías no conocen en realidad la forma en que son percibidos por sus clientes y tampoco comprenden a cabalidad las necesidades de los clientes y los juicios de valor.

Cuando culmina la etapa de recopilación de datos, el auditor de ventas presenta los hallazgos y recomendaciones más importantes. Un aspecto valioso del seguimiento de ventas es el proceso por el que pasan los gerentes para asimilar, discutir y desarrollar nuevos conceptos, relativos a la acción de ventas que se necesitan. El control de las ventas es la secuela natural a la planeación, organización e instrumentación de estas.

Definición del problema.

El proceso de cotización en la empresa de Estudio es un tanto lento por diversas causas, ya que no todos los precios de los materiales que se manejan están en la lista de precios y se tienen que solicitar a los proveedores y dependemos de la velocidad de respuesta de ellos.

Como consecuencia a este problema, el servicio al cliente es muy lento tanto en mostrador como empresas a cotizar por correo electrónico, quejas como los tiempos de entrega debidos a la sobrecarga de trabajo, la intervención tardía del proveedor o información faltante en la cotización solicitada.

Por lo tanto, se hace necesario rediseñar el proceso de cotización en ventas, se deberá crear un programa o aplicación que pueda guardar las diferentes cotizaciones que los vendedores hacen, para así interactuar con el programa y no con los proveedores.

Objetivo de la investigación.

Objetivo General.

Rediseñar el proceso de venta de la empresa de Estudio de servicios industriales.

Objetivos Específicos.

- Analizar el proceso actual de solicitud de precios, investigando cada uno de los pasos que lleva su sistema actual.
- Analizar el proceso de selección de clientes solicitando al gerente que aspectos toma en cuenta para hacer esta selección.
- Establecer funciones del departamento de ventas mediante un reglamento establecido.

Delimitaciones.

La investigación se hará desde en la empresa de Estudios de Servicios Industriales del departamento de venta que se encuentra ubicada en el municipio de Tampico.

Enfoque Teóricos.

Principales conceptos de proceso, venta y reingeniería de procesos.

En este capítulo se establecerá el significado de proceso, venta y reingeniería de procesos para un mayor entendimiento del tema de investigación a tratar.

Proceso.

Pérez (2010) afirma que un proceso puede ser definido como la secuencia de actividades lógica diseñada para generar un output preestablecido para unos clientes identificados a partir de un conjunto de inputs necesarios que van añadiendo valor. Considerando esta definición, en todo proceso se pueden identificar los siguientes elementos: entrada, suministrado por un proveedor, ya sea externo o interno, que cumple unas determinadas características preestablecidas; el proceso, como secuencia de actividades que se desarrollan gracias a unos factores, como son las personas, métodos y recursos; y una salida, que será el resultado del proceso e ira destinado a un cliente, ya sea externo o interno, y además tendrá valor intrínseco y evaluable para éste.

Por tanto, una organización puede ser definida como un conjunto de procesos, que se realizan simultáneamente y además están interrelacionados entre sí, de manera que el output de un proceso constituye directamente el input del siguiente proceso. Gestionar integralmente cada uno de los procesos que tienen lugar en la empresa constituye lo que se denomina gestión por procesos.

Para gestionar los procesos de manera efectiva resulta imprescindible identificar todos los procesos que se desarrollan en la organización, teniendo en cuenta que para ser considerados como procesos deben cumplir unas determinadas características: pueden ser definidos, conocer los límites que acotan adecuadamente el comienzo y la terminación, poder ser representados gráficamente, poder ser medidos y controlados y existencia de un responsable.

Uno de los objetivos de la gestión por procesos es la orientación al cliente, y se debe entender el concepto de cliente en su sentido más amplio incluyendo tanto a los clientes internos como externos. En la gestión por procesos todos los procesos que se desarrollan en la organización poseen valor intrínseco para un cliente, que puede ser interno o externo. El modelo de relación "cliente proveedor interno" señala la importancia que tiene la interacción entre proveedores y clientes internos para mejorar entre otros aspectos la eficiencia y la eficacia de la organización.

El proceso de toma de decisiones.

De Welsch, Hilton y Gordon (1990) afirman que la toma de decisiones entraña un compromiso o resolución de hacer, dejar de hacer, o de adoptar o rechazar una actitud. Una toma de decisiones requiere creatividad y confianza. Se ve cercada por el riesgo, la incertidumbre, la crítica y la conjetura secundaria. Es importante comprender que no hacer nada respecto a un asunto o a un problema es en sí y por sí, una decisión.

Pasos para el proceso de toma de decisiones.

1) Reconocer un problema - Existe un problema, necesita hacerse una elección, o hay un obstáculo para alcanzar una meta empresarial.
2) Identificar alternativas - Se hace un esfuerzo sistemático por identificar las opciones disponibles. Por lo general, existe un número limitado de alternativas, restringidas, además, por el tiempo y los recursos monetarios.
3) Especificar las fuentes de incertidumbre - Se efectúa un análisis cuidadoso de los posibles sucesos que pueden ocurrir. Hasta donde es posible, quizá exista probabilidades o posibilidades asociadas con estos sucesos.
4) Escoger un criterio - Se elige el criterio conforme al cual se evaluarán las alternativas. Pueden escogerse criterios tales como la utilidad, el margen global de contribución, la tasa de rendimiento o el valor actual neto.
5) Considerar preferencias de riesgo - Se toma en consideración al punto hasta el cual la dirección está dispuesta a elegir una alternativa riesgosa. De manera equivalente, la dirección considerada la proporción entre el riesgo y el rendimiento.

6) Evaluar alternativas - A la luz del menú de opciones en el paso 2, las fuentes de incertidumbre identificadas en el paso 3, el criterio establecido en el paso 4 y las preferencias del riesgo precisadas en el paso 5 determinan el resultado final asociado con la alternativa.
7) Elegir la mejor alternativa - la evaluación de alternativas en el paso 6, junto con una cuidadosa consideración de los objetivos y las metas de la empresa, tiene como resultado la elección de una alternativa.
8) implantar el curso de acción seleccionado - Se implantan las acciones aprobadas para iniciar la alternativa escogida. Ninguna decisión eficaz será posible a menos que se lleven a cabo acciones eficaces que le hagan realidad.

Definición de proceso.

Camacho (2008) afirma que es habitual hablar de proceso, de secuencia de actividades, de qué involucran inputs y outputs y todo ese conjunto de conceptos conocidos por muchos. Para el analista, la identificación de sus elementos es más útil que el concepto en sí.

Proceso es el conjunto de actividades o tareas mutuamente relacionadas entre sí que admite elementos de entrada durante su desarrollo ya sea el inicio o a lo largo del mismo, los cuales se administran, regulan o autorregulan bajo modelos de gestión particulares para obtener elementos de salida o resultados esperados. Las entradas al proceso pueden ser iniciales o intermedias. Asimismo, los resultados o salidas a lo largo del proceso pueden ser intermedios o finales. La presencia e interacción de los elementos que lo componen conforman un sistema de trabajo, el cual puede denominarse "Sistema de gestión del proceso".

Dentro del proceso, hay un tratamiento de entradas de diversos tipos en cada actividad o tarea agregándoles valor, de tal manera que se cumplan los requerimientos o necesidades del cliente interno o externo.

Camacho (2008) afirma que cabe indicar que, el propósito del diseño de un proceso de servicio es que se contribuye en cada una de sus actividades con una cuota de valor y que de esta cadena se genere finalmente una contribución de valor mayor que el experto denomina margen. En este sentido, los procesos deben agregar valor entre etapa y etapa, subproceso o entre operaciones. Estamos hablando de servicios y también procesos de manufactura, bajo una concepción de gestión positiva tal y como debe hacerlo un gerente, administrador o alguien encargado de manejar procesos.

Cuando se habla de cultura organizacional se toma en cuenta entre muchos elementos a los valores, costumbres o hábitos de sus trabajadores. Buenos hábitos contribuyen con la creación de valor en las actividades de la empresa y, por ende, en la creación de valor de todos sus procesos. Pero, si el personal contribuye con hábitos malos como por ejemplo llegar temprano, marcar tarjeta y salir media hora a tomar desayuno por ahí, asistir a la reuniones solo para criticar y no aportar, hablar mal de los compañeros, ser burlón con algunas personas, ser soberbios, no comunicar a sus empleados las decisiones de la semana o los temas prioritarios en agenda, no ha salido no saludar a los compañeros o no acordarse de las necesidades de su personal, entre otras cosas más (propias de las relaciones humanas), constituyen actos y conductas que no agregan valor, a pesar que van construyendo y moldeando procesos de cultura organizacional en la empresa: a la larga, el comportamiento interno en tu organización estará compuesto por procesos de relaciones humanas que no posean valor, más bien, degradan o degeneran a la cultura deseada afectando nocivamente al desempeño del recurso humano (falta de motivación, descontento, falta de condiciones adecuadas interpersonales en cantidad mínima o suficiente, sentimientos de rivalidad, celos profesionales, quejas manifiestas o conflictos declarados, muestras de indiferencia, mal trato y humillación evidentes, entre otros). Ni que decir si estos procesos internos acaban por ser externos y tengan que llegar al cliente o usuario final.

Otro caso es cuando se planifica mal y como resultado de ello no se tiene cómo medir los avances, se generan reuniones para "reprogramar" o "reformular" los planes, las tareas, y en peores casos hasta los objetivos. Se generan discusiones bizantinas que buscan un consenso sin tener un criterio común previo, consumiéndose hasta horas de dar vuelta y vuelta a un mismo tema.

Algunos ejemplos de procesos guiándonos siempre de la clasificación de producto presentado en artículo del 18 de enero. Recordemos que siempre debemos partir de conocer cuál es el resultado del proceso, es nuestro objetivo a donde queremos llegar. Los resultados de un proceso pueden ser:

a) Bienes tangibles
b) Bienes intangibles
c) Servicios

Elementos de un proceso.

Se habla de la administración como un proceso para subrayar el hecho de que todos los gerentes, sean cuales fueran sus aptitudes o habilidades personales, desempeñan ciertas actividades interrelacionadas con el propósito de alcanzar las metas que desean.

-Planificar implica que los administradores piensen con antelación en sus metas y acciones, y que basan sus actos en algún método, plan o lógica, y no en corazonadas. La planificación requiere definir los objetivos o metas de la organización, estableciendo una estrategia general para alcanzar esas metas y desarrollar una jerarquía completa de Planes para coordinar las actividades. Se ocupa tanto de los fines como de los medios. Las relaciones y el tiempo son fundamentales para las actividades de la planificación. La planificación produce una imagen de las circunstancias futuras deseables, dados los recursos actualmente disponibles, las experiencias pasadas, etc.

- *Objetivos.*

a) Convertir la visión en específicos blancos de acción.
b) Crear normas para rastrear el desempeño.
c) Presiona a ser innovadores y enfocados.
d) Ayuda a prevenir costos y complacencias si los blancos necesitan alargarse.

-Organización. El significado de este concepto viene del uso que en nuestra lengua se da a la palabra "organismo". Este implica necesariamente:

a) Partes y funciones diversas: ningún organismo tiene partes idénticas, ni de igual funcionamiento.
b) Unidad funcional: esas diversas, con todo tienen un fin común o idéntico.
c) Coordinación: precisamente para lograr ese fin, cada una pone una acción distinta, pero complementaria de las demás. Organizar es el proceso para ordenar y distribuir el trabajo, la autoridad y los recursos entre los miembros de unan organización, de tal manera que estos puedan alcanzar las metas de la organización. Diferentes metas requieren diferentes estructuras para poder realizarlos.

-Dirección. Es el elemento de la administración en el que se logra la realización efectiva de lo planeado, por medio de la autoridad del administrador, ejercida a base de decisiones. Se trata por este medio de obtener los resultados que se hayan previsto y planeado. Dirigir implica mandar, influir y motivar a los empleados para que realicen tareas esenciales.

-Control. Se puede definir como el proceso de vigilar actividades que aseguren que se están cumpliendo como fueron planificadas y corrigiendo cualquier desviación significativa. Un sistema de control efectivo asegura que las actividades se terminen de manera que conduzcan a la consecución de las metas de la organización. El criterio que determina la efectividad de un sistema de control es qué tan bien facilita el logro de las metas. Mientras más ayude a los gerentes a alcanzar las metas de su organización, mejor será el sistema de control. El gerente debe estar seguro de que los actos de los miembros de la organización la conduzcan hacia las metas establecidas.

El control es importante, porque es el enlace final en la cadena funcional de las actividades de administración. Es la única forma como los gerentes saben si las metas organizacionales se están cumpliendo o no y por qué sí o por qué no.

Este proceso permite que la organización vaya en la vía correcta sin permitir que se desvíe de sus metas. Las normas y pautas se utilizan como un medio de controlar las acciones de los empleados, pero el establecimiento de normas también es parte inherente del proceso. Y las medidas correctivas suponen un ajuste en los planes.

Pasos del proceso de venta.

Según Stanton, Etzel y Walker, (2004), el proceso de venta es una secuencia lógica de cuatro pasos que emprende el vendedor para tratar con un comprador potencial y que tiene por objeto producir alguna reacción deseada en el cliente (usualmente la compra). A continuación, se detallan los cuatro pasos o fases del proceso de venta:

1. *Prospección:*

Stanton, Etzel y Walker (2004), nos dice que la fase de prospección o exploración es el primer paso del proceso de venta y consiste en la busque de clientes en perspectiva; es decir aquellos que aún no son clientes de la empresa Pero que tienen grandes posibilidades de serlo.
La prospección involucra un proceso de tres etapas:

Etapa 1.- Identificar a los clientes en perspectiva: En esta etapa se responde a la pregunta: ¿Quiénes pueden ser nuestros futuros clientes?
Etapa 2.- Calificar a los candidatos en función a su potencial de compra: Reid (1980), nos menciona que luego de identificar a los clientes en perspectiva se procede a darle una "calificación" individual para determinar su importancia en función a su potencial de compra y el grado de prioridad que requiere de parte de la empresa y/o el vendedor.

Luego de asignar la puntuación correspondiente a cada factor se califica a cada cliente en perspectiva para ordenarlos de acuerdo con su importancia y prioridad para la empresa.

Etapa 3.- Elaborar una lista de clientes en perspectiva: Una vez calificados los clientes en perspectiva se elabora una lista donde son ordenados de acuerdo con su importancia y prioridad.

Cabe destacar que la lista de clientes en perspectiva es un patrimonio de la empresa no del vendedor y debe ser constantemente actualizada para ser utilizada en cualquier momento y por cualquier persona autorizada por la empresa.

2. *El acercamiento previo o "pre-entrada":*

Reid (1980), nos indica que luego de elaborada la lista de clientes en perspectiva se ingresa a la fase que se conoce como acercamiento previo o pre-entrada que consiste en la obtención de información más detallada de cada cliente en perspectiva y la preparación de la presentación de ventas adaptada a las particularidades de cada cliente.

Está fase involucra el siguiente proceso:

Etapa 1.- Investigación de las particularidades de cada cliente en perspectiva: En esta etapa se busca información más específica del cliente en perspectiva. Adicionalmente, también es necesario buscar información relacionada con la parte comercial.

Etapa 2.- preparación de la presentación de ventas enfocada en el posible cliente: con la información del cliente en las manos se prepara una presentación de ventas adaptada a las necesidades o deseos de cada cliente en perspectiva.

También, es necesario planificar una entrada que atraiga la atención del cliente, las preguntas que mantendrán su interés, los aspectos que despertarán su deseo, las respuestas a posibles preguntas u objeciones y la forma en la que se puede efectuar el cierre induciendo a la acción de comprar.

Etapa 3.- Obtención de la cita o planificación de las visitas en frío: dependiendo de las características de cada cliente, se toma la decisión de solicitar una cita por anticipado o de realizar visitas en frío.

3. *La presentación del mensaje de ventas:*

Según Kotler (1996), este paso consiste en contarle la historia del producto al consumidor siguiendo la fórmula AIDA de captar la atención, conservar el interés, provocar un deseo y obtener la acción(compra).
La presentación del mensaje de ventas debe ser adaptada a las necesidades y deseos de los clientes en perspectiva. La presentación del mensaje de ventas se basa en una estructura basada en tres pilares:

- ❖ Las características del producto: Lo que es el producto en sí, sus atributos.
- ❖ Las ventajas: Aquello que lo hace superior a los productos de la competencia.
- ❖ Los beneficios que obtiene el cliente: aquello que busca el cliente de forma consciente o inconsciente.

Por otra parte, las objeciones ya no representan un obstáculo a superar por el vendedor, por el contrario, son claros indicios de compra. Finalmente, el cierre de venta ya no es una tarea que se deja al final de la presentación, es decir que el famoso cerrar con broche de oro pasó a la historia.

4. *Servicios posventa.*

Según los autores Stanton, Etzel y Walker, la etapa final del proceso de venta es una serie de actividades posventa que fomentan la buena voluntad del cliente y echan los cimientos para negocios futuros.
Los servicios de posventa tienen el objetivo de asegurar la satisfacción e incluso la complacencia del cliente. Es en esta etapa donde la empresa puede dar un valor agregado que no espera el cliente pero que no puede ocasionar

su lealtad hacia la marca o la empresa. Los servicios de posventa pueden incluir todas o algunas de las siguientes actividades:

- Verificación de que se cumplan los tiempos y condiciones de envío.
- Verificación de una entrega correcta.
- Instalación.
- Asesoramiento para un uso apropiado.
- Garantías en caso de fallas de fábrica.
- Servicio soporte técnico.
- Posibilidad de cambio o devolución en caso de no satisfacer las expectativas del cliente.
- Descuentos especiales para compras futuras.

Concepto de venta.

Kotler (1996) afirma que el concepto de venta es considerado como una forma de acceso al mercado que es practicada por la mayor parte de las empresas que tiene una saturación en su producción y cuyo objetivo es vender lo que producen, en lugar de producir lo que el mercado desea.

El concepto de venta es "otra forma de acceso al mercado para muchas empresas cuyo objetivo es vender lo que hacen en lugar de hacer lo que el mercado desea".

La gran debilidad del concepto de venta radica en el hecho de que los prospectos son literalmente "bombardeados" con mensajes de venta. El resultado es que este público termine identificando estas acciones como una publicidad insistente o marketing basado en las ventas bajo presión lo cual genera el riesgo de crear una resistencia natural hacia las empresas u organizaciones que la practican.

Reingeniería de procesos.

La reingeniería de procesos es por definición, el método mediante el cual una organización puede lograr un cambio radical de rendimiento medido por el costo, tiempo de ciclo, servicio y calidad por medio de la aplicación de varias herramientas y técnicas enfocadas en el negocio, orientadas hacia el cliente en lugar de una serie de funciones organizacionales, todas las personas deben entender las metas finales, la manera de alcanzarlas y los indicadores que me dirán el éxito.

De acuerdo con este enfoque, la empresa debe orientar sus esfuerzos hacia el logro de metas que consideren al cliente y sus criterios de valor. Para esto los indicadores de actuación que se establecen son:

- ➢ La mejora continua es substituida por una mejora radical.
- ➢ Se tiene una marcada orientación hacia el mercado, buscando que el producto o servicio ofrecido sea considerado como el mejor por los consumidores.
- ➢ Los resultados son medidos a través de factores externos como la participación del mercado.
- ➢ Esta orientada hacia los procesos básicos de la organización.
- ➢ Cuestiona los principios, propósitos y supuestos de los negocios.
- ➢ Permite que los esfuerzos del Just In Time y el Total Quality Managment se vean incrementados.

Compone de tres fases:

Fase 1. Descubrimiento: La empresa define una visión estratégica en busca del dominio y la competitividad renovada en el mercado, determinando la manera en que sus procesos pueden ser modificados con el fin de alcanzar la visión estratégica establecida.

Fase 2. Rediseño: Se detalla, planifica y organiza el proceso de rediseño.

Fase 3. Ejecución: Se lleva a cabo el rediseño para alcanzar la visión estratégica establecida.

Antecedentes de la empresa Reactivos y Seguridad Industrial S.A de C.V.

Rivas (2014) nos menciona que, Reysi abre sus puertas el 11 de Julio de 1977 con el fin de satisfacer el mercado regional y la demanda de suministro de materiales reactivos y equipos científicos utilizados en los laboratorios de la industria, hospitales, centros de investigación, universidades y escuelas de la región comprendido por Tampico Madero y Altamira.

A través de los años fueron forjando una empresa sólida y con mejores acuerdos comerciales con diferentes marcas de renombre en productos e insumos de laboratorio.

Es su objetivo ser el "elemento esencial de su laboratorio" y convertirnos en un socio estratégico capaz de ayudarle a generar soluciones versátiles y confiables que aumenten la eficacia de sus procesos y análisis, poniendo a su disposición una gran variedad de productos nacionales y de importación, así como mobiliario de alta calidad fabricado bajo especificación o de línea.

Investigación sobre el rediseño de los procesos de preventa en una empresa de telecomunicaciones.

La investigación tuvo como objetivo proponer business process management como un conjunto de herramientas, técnicas, métodos, disciplinas y tecnologías de gestión los cuales se basan en el enfoque a procesos de negocio a una empresa de telecomunicaciones. Esta propuesta se sugiere como opción para diseñar los procesos en el área de preventa de manera que facilite la ejecución de las actividades del "núcleo" de negocio de manera óptima. Esto debido a que en su proceso Existen retrasos los cuales en el último año han impactado en el procesamiento de las órdenes de trabajo internas ocasionando disgustos en la percepción del cliente además de los múltiples problemas en la ejecución y en la operación.

Para demostrar cuáles pudieron haber sido las causas de dichas desviaciones el autor de la tesis realizó la descripción del análisis interno y del externo en el ambiente en el que actualmente se desarrolla además de justificar las estrategias que la empresa plantea agregando las propuestas que considera adecuadas. Es necesario mencionar que una parte realmente importante para la obtención de un diagnóstico acertado para definir la problemática, así como la opción ideal para minimizarla en lo posible fue la experiencia del investigador tanto profesional como laboral dentro y fuera de la empresa objeto de estudio. Los principales hallazgos a la investigación indican la falta de profundización de las estrategias desarrolladas actualmente en la empresa en las que se les da poco interés a los procesos a pesar de que los directores conocen la debilidad de esta y falta de compromiso por arraigar el enfoque a proceso. A pesar de las adversidades que existen en la organización se trata de demostrar bajo el criterio del investigador la adopción del BPM para reducir en lo posible los retrasos de las órdenes de trabajo y optimizar las actividades del núcleo del negocio.

Desarrollo

Enfoque de la investigación.

Esta investigación se desarrolló mediante la aplicación de un enfoque cualitativo ya que se emplearon métodos de recolección de datos que no son cuantitativos. Hernández (2003) afirma que el enfoque cualitativo por lo común se utiliza primero para descubrir y refinar preguntas de investigación con frecuencia se basa en métodos de recolección de datos sin medición numérica como las descripciones y las observaciones.

Usan fases tales como:

- ✓ Observación y evaluación de fenómenos.
- ✓ Establecimiento de ideas como resultado de observación y evaluación de fenómenos.
- ✓ Pruebas que demuestren el fundamento de establecimiento de ideas como resultado de observación y evaluación de fenómenos.
- ✓ Revisión de ideas con base en pruebas que demuestren el fundamento de establecimiento de ideas como resultado de observación y evaluación de fenómenos.
- ✓ Proposición de nuevas observaciones para cimentar las ideas principales o generar otras.

Tipo de investigación.

Se aplico una investigación de tipo descriptiva. Tamayo (1999) afirma que en las investigaciones de tipo descriptiva consiste fundamentalmente en caracterizar un fenómeno o situación concreta indicando sus rasgos más peculiares o diferenciadores.

El objetivo de la investigación descriptiva consiste en llegar a conocer las situaciones, costumbres y actitudes predominantes a través de la descripción exacta de las actividades, objetos, procesos y personas. Su meta no se limita en la recolección de datos, sino a la predicción e identificación de las relaciones que existen entre dos o mas variables. Los investigadores no son meros tabuladores, sino que recogen los datos sobre la base de una hipótesis o teoría, exponen y resumen la información de manera cuidadosa y luego analizan minuciosamente los resultados, a fin de extraer generalizaciones significativas que contribuyan al conocimiento.

Es por ello que se utilizó la investigación descriptiva ya que se analizo a fondo sobre el proceso de solicitud de cotizaciones de la empresa, con el fin de entender el sistema llevado a cabo en la solicitud de precios. Técnicas de recolección de datos para la recolección de datos fue necesario aplicar encuestas en la empresa hacia todos los empleados de esta para obtener información acerca del proceso de cotización.

Análisis de resultados.

4.1 Resultados obtenidos sobre el proceso de cotización.

A continuación, se presentan los resultados que arrojaron las encuestas implementadas dentro de la empresa.

Tiempo de respuesta al proveedoor

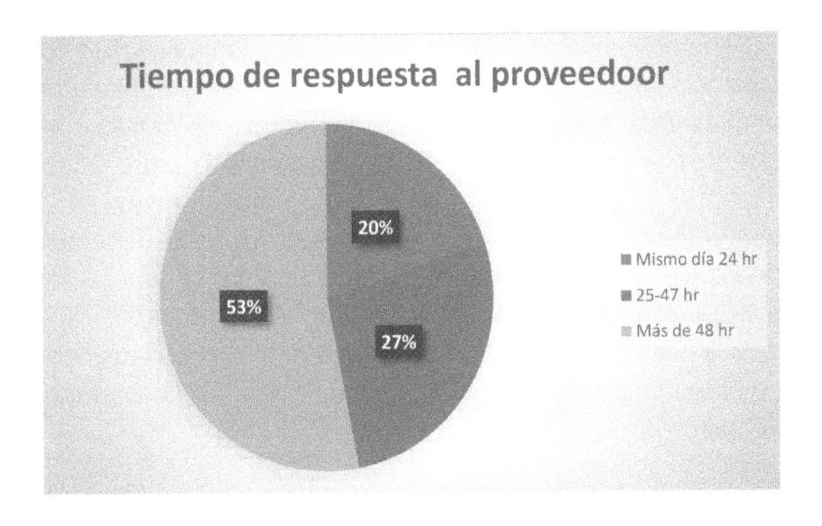

- 20% — Mismo día 24 hr
- 27% — 25-47 hr
- 53% — Más de 48 hr

Como se puede observar el 53% de los empleados encuestados de la empresa clasifican a los proveedores que tardan mas de 48 horas al solicitar una cotización, un 27% identifica que tarda entre 25 y 47 horas y un 20% el mismo día, dándonos así una perspectiva sobre lo que los empleados opinan sobre la velocidad de cotización.

En la siguiente gráfica se representa el tipo de rapidez de respuesta de la empresa hacia el cliente.

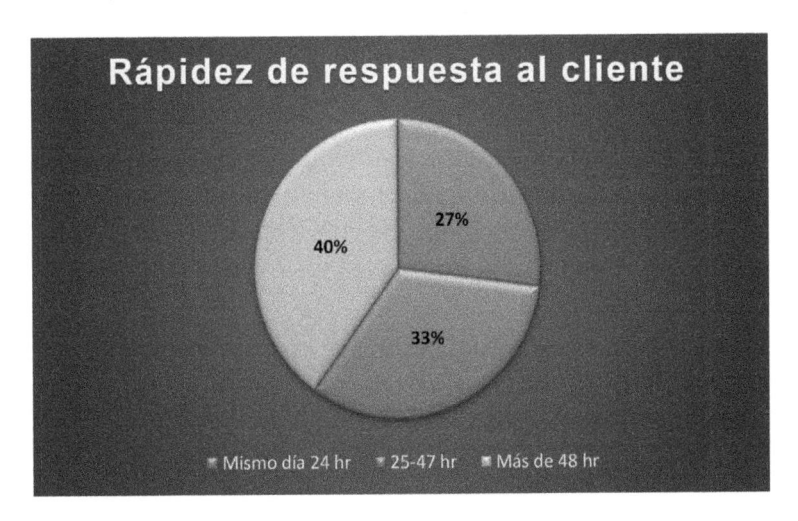

Rápidez de respuesta al cliente

- 40% — Mismo día 24 hr
- 27% — 25-47 hr
- 33% — Más de 48 hr

Los empleados opinaron que al momento de realizar la cotización al cliente es lenta ya que el 40% de los empleados encuestados lo hizo saber de esta manera opinando que tardan mas de 48 horas, el 33% lo clasifico entre 25 a 47 horas y el 27% indicó que responden el mismo día, aumentando la capacidad de respuesta cuando depende de ellos el cotizar, ya que en la pregunta anterior cuando se solicita al proveedor éste es más lento al cotizarles.

La siguiente grafica nos muestra la opinión de los empleados sobre si el sistema de cotización se encuentra actualizado.

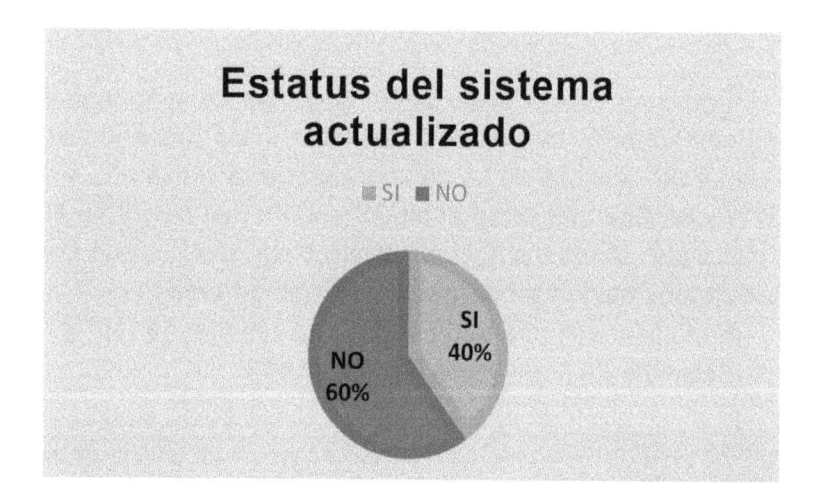

Estatus del sistema actualizado

■ SI ■ NO

- SI 40%
- NO 60%

La empresa se considera un tanto atrasada en cuanto a la tecnología requerida al momento de proporcionar el servicio al cliente opinando con un 60% que la empresa no está suficientemente actualizada y preparada para la demanda del cliente.

La gráfica siguiente muestra la opinión de los empleados al preguntarles si se encuentran satisfechos sobre la velocidad de respuesta de la empresa.

Tiempo de respuesta del cliente por parte de la empresa

- 33% SI
- 67% NO

Se le pregunto a la empresa sobre los comentarios que el cliente tenia sobre la empresa en cuanto a la velocidad de respuesta de las cotizaciones que le solicitan, ellos indicaron que los clientes están a disgusto con el tiempo de respuesta que se les da al cotizar con un 67% que opina que es lenta sobre un 33% que opinan lo contario.

En la siguiente gráfica se les pregunto a los empleados que aspectos les gustaría modificar en cuanto al proceso de cotización.

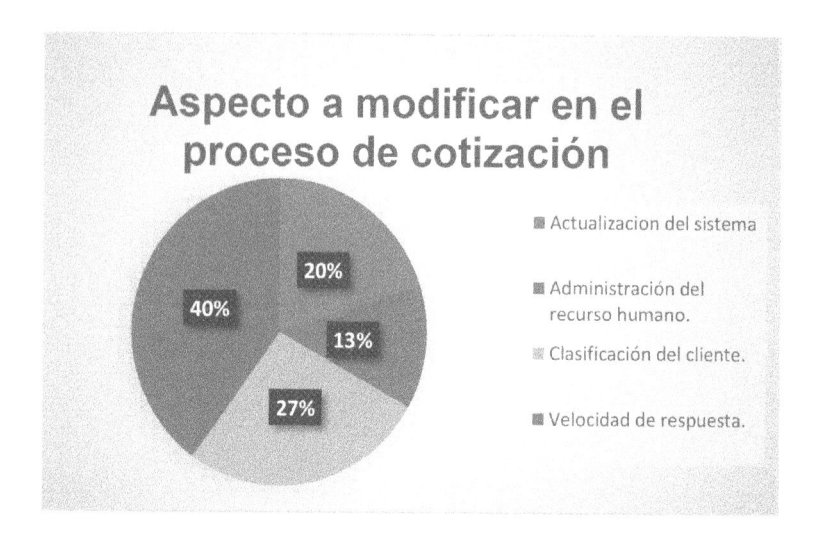

Aspecto a modificar en el proceso de cotización

- Actualizacion del sistema: 20%
- Administración del recurso humano: 40%
- Clasificación del cliente: 13%
- Velocidad de respuesta: 27%

Resultados de la encuesta sobre la adecuada clasificación de los clientes.

En el siguiente bloque se muestran los resultados obtenidos sobre la opinión que tienen los empleados sobre el estatus de la empresa al momento de clasificar a los clientes.

La siguiente gráfica muestra la opinión de los empleados sobre la clasificación de los clientes, si está organizada o desorganizada.

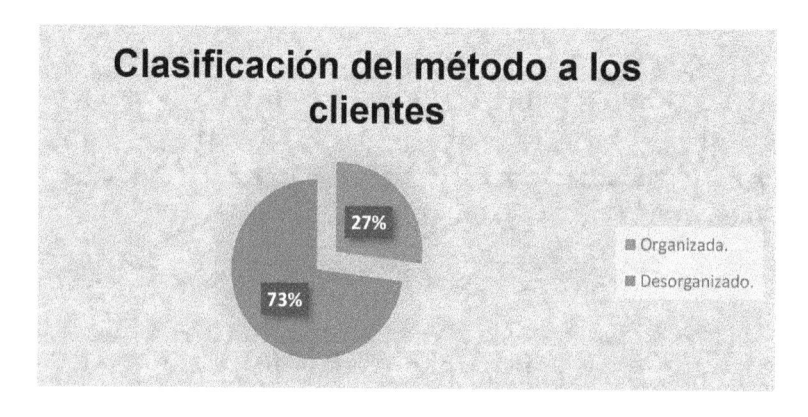

Clasificación del método a los clientes

- Organizada: 27%
- Desorganizado: 73%

La empresa indicó que tiene una forma desorganizada de clasificar a los clientes dando como resultado solo un 27% que opinan que la empresa es organizada y un 73% que es desorganizada, de esta manera nos indican que no están siendo suficientemente claros en la empresa para darles a los clientes una atención adecuada.

La siguiente gráfica indica la opinión de los empleados sobre si es un factor importante la clasificación de los clientes.

Importancia de la clasificación de clientes antes de cotizar

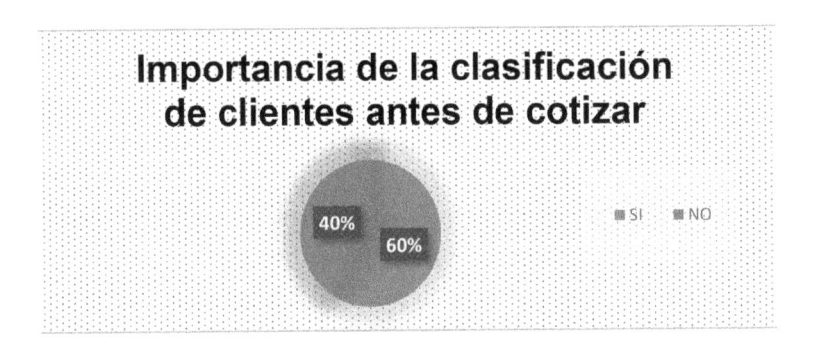

40%
60%
■ SI   ■ NO

La mayoría de los empleados con un 60% considera que es importante clasificar a los clientes antes de cotizar, para determinar el orden de atención hacia los clientes.

Aspectos para clasificar a los clientes

13%
33%
54%

■ Por cotizaciones faciles.
■ Por las más urgentes.
■ De acuerdo a la importancia del cliente.

La siguiente gráfica nos arroja los resultados obtenidos al encuestar a los empleados sobre que aspecto considera importante al clasificar a los clientes. La mayoría de los empleados consideran que se deben tratar con mayor importancia las cotizaciones urgentes con un 54%. El 33% nos indicó que se debe optar por la importancia que tiene el cliente observando el historial establecido con la empresa y el 13% considera que se debe empezar por las cotizaciones más sencillas.

4.3 Opinión de los empleados en cuanto a sus funciones establecidas.

El siguiente bloque de gráficas indica la opinión los empleados en cuanto a la delimitación de sus funciones dentro de la empresa.

La siguiente gráfica indica si los empleados tienen objetivos establecidos dentro de la empresa.

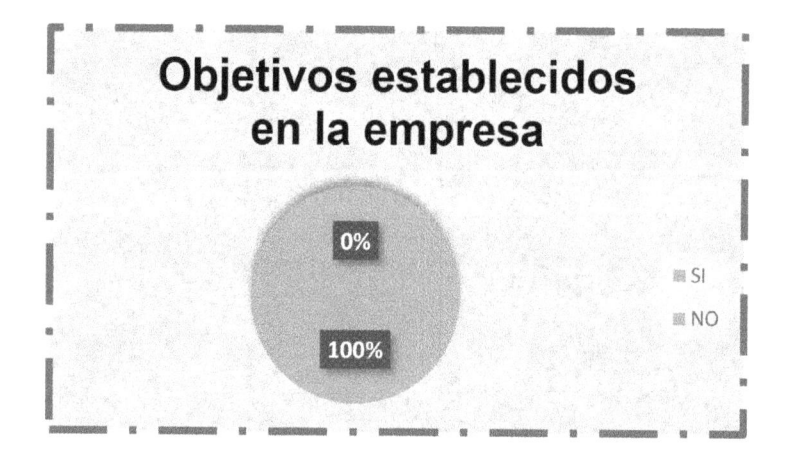

Objetivos establecidos en la empresa

- 0%
- 100%
- SI
- NO

El 100% de los empleados considera que tienen los objetivos establecidos para un mejor rendimiento de la empresa.

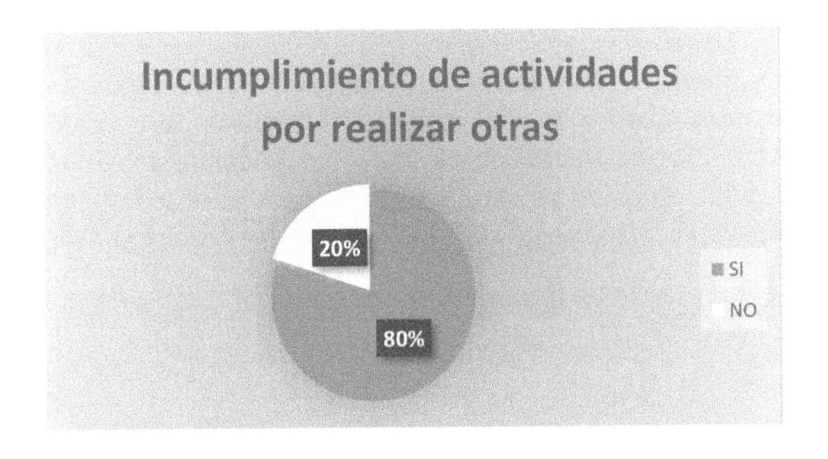

Incumplimiento de actividades por realizar otras

- 20% SI
- 80% NO

Esta gráfica indica si los empleados han dejado de cumplir sus funciones por atender otras.

La mayor parte de los empleados con un 80% indicaron que acuden a cumplir actividades que no son de su departamento, dando como resultado una pobre coordinación o alertando que los empleados que si forman parte de ese departamento no cumplen con sus actividades o no son aptos para el área.

En la siguiente gráfica se preguntó que si a los empleados se les han asignado funciones fuera de su departamento.

Asignación de otras funciones a los empleados

- 40% SI
- 60% NO

Los empleados consideran con un 60% que respondieron de forma positiva a que se le asignan funciones que no corresponden a sus actividades establecidas de acuerdo con los objetivos tratados al momento de contratarlo.En la siguiente gráfica se les preguntó a los empleados si son aptos para desarrollar sus funciones dentro de la empresa.

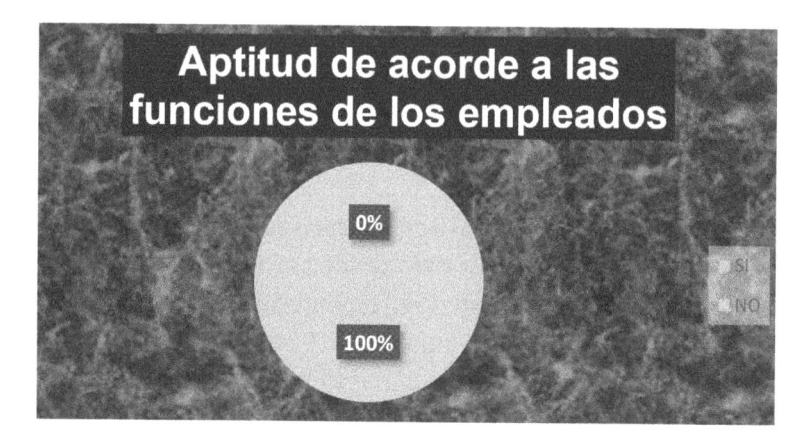

Aptitud de acorde a las funciones de los empleados

- 0%
- 100%
- SI
- NO

De forma unánime el 100% de los empleados se consideran aptos para el trabajo requerido dentro de la empresa.

Propuesta para el proceso de cotización de la empresa.

De acuerdo con lo investigado y del análisis hecho sobre la encuesta formulada a los trabajadores de la empresa Reactivos y Seguridad Industrial S.A de C.V. el principal problema que se tiene es en la lenta respuesta que se les da a los clientes cuando estos solicitan una cotización.

Se propone primero identificar la cartera de clientes que tiene cada vendedor para así, tener una mejor comunicación con el cliente abarcando cierto porcentaje del total de los clientes y no generar confusión al atenderlos siendo solo uno el que atiende a cierto número de clientes. El vendedor también sabrá qué cliente le corresponde a cada uno y se le indicará que, si le llegan solicitudes de otra cartera, las administré al vendedor correspondiente.

Después de identificar cada una de las solicitudes, los vendedores de verano clasificar las solicitudes de cotización mediante una hoja de cálculo anotando el nombre del cliente y fecha de llegada de la solicitud establecida dándole prioridad a las cotizaciones por orden de llegada.

Cuando se tienen que esperar cotizaciones de los proveedores y lo mejor para no depender de ellas es establecer una tabla de precios basados en cotizaciones o costos anteriores o el historial establecido con el proveedor, así no se podría calcular el precio del producto y manejar un relativo margen de precios y al mismo tiempo solicitando la cotización al proveedor, después comparar los precios, si hay una discrepancia entre ellos darle aviso al cliente del cambio de precio, argumentando que se ha hecho un descuento en la cotización del precio. De ya haber sido recibida la orden de compra y factura de esta, abrir un crédito financiero hacia la empresa en el cual se depositarán las diferencias y así poderlas usar en un futuro con la próxima compra.

También se propone manejar un "stock" de los productos que mayor rotación tienen en la empresa para así fijar un precio en los productos teniendo los costos y dar una respuesta rápida al cliente.

Bonificar a los empleados al concluir con sus metas establecidas en el periodo para que estos tengan un mayor compromiso en sus funciones ya que la encuesta arrojó que se distraen haciendo funciones que no están establecidas dentro de su departamento.

Conclusiones

A lo largo de esta investigación se puede concluir que la empresa necesita amplia capacitación del personal al cotizar, los trabajadores se encuentran en una zona de confort ya que le dan poco seguimiento a las cotizaciones realizadas y estas a su vez tardan en ser respondidas al cliente, los empleados se distraen efectuando otras actividades no establecidas dentro de sus funciones, los clientes no son administrados adecuadamente al cotizarles, la empresa no lleva un control sobre los clientes y no los segmenta de forma adecuada.

Todos esos aspectos conllevan a un desempeño deficiente de la empresa al proporcionar el servicio al cliente Lo que implica la baja en ventas y notables quejas en los clientes.

Bibliografía.

Acedo Sánchez, José. (2006). **Instrumentación y control avanzado de procesos.** Editorial Díaz de Santos. España.

Bernal Torres, César Augusto. (2006). **Metodología de la Investigación: para administración, economía, humanidades.** Editorial Pearson. México.

Camacho C., Ricardo. (2008). **Definición y elementos de un proceso.** Editorial Prentice Hall. Perú.

Carrisoza Gutiérrez, Erik Omar. (2011). **Rediseño de los procesos de preventa en una empresa de telecomunicaciones.** Tesis de maestría en administración Unidad Profesional Interdisciplinaria de Ingeniería Y Ciencias Sociales y Administrativas. México.

Collins, Rap S. (2009). **El gran giro de la Mercadotecnia.** Editorial McGraw Hill. México

De Welsch, Hilton & Gordon. (1990). **El proceso Administrativo.** Editorial Prentice Hall. México.

García Bobadilla, Luis María. (2011). **Más Ventas.** Editorial Esic. España.

Garza Treviño, Juan Gerardo. (1996). **Administración Contemporánea, reto para la empresa mexicana.** Editorial Alhambra. México.

Hernández, Héctor. (2003). **Investigación.** Editorial McGraw Hill. México.

Hammer, Michael & Champú, James. (1994). **Reingeniería.** Editorial Carvajal. Nueva York, USA.

Johanson, Edward. (1994). **Reingeniería de procesos de negocios.** Editorial limosa. México.

Kotler, Philip. (1996). **Dirección de Mercadotecnia.** Octava edición. Editorial Prentice Hall. México.

Miguez, Pérez, Mónica. (2006). **Técnicas de venta.** Editorial ideas propias. España.

O gallo, Carlos. (2007). **El libro de la venta directa.** Editorial Diaz de santos. España.

Pérez Fernández de Velasco, José Antonio. (2010). **Gestión por procesos.** Editorial ESIC. México.

Reid, Allan. (1980). **Las técnicas Modernas de Venta y sus Aplicaciones.** Editorial Diana. México.

Rivas, Uriel. (2013). **Entrevista.** 25 de Marzo, 2013. Tampico, Tamaulipas.

Stanton, Etzel y Walker. (2004). **Fundamentos de Marketing.** Editorial Mc Graw Hill. México.

Stoner J., Wankel C. (1990). **Administración.** Editorial Prentice Hall. México.

Tamayo, Mario. (1999). **Serie Aprender a Investig**